# Sabores sin sodio 2023

# Recetas deliciosas y saludables para una dieta baja en sodio

## Ana López

# Tabla de contenido

Salteado de hojas de mostaza ................................................................. 12

Mezcla de Bok Choy ................................................................................ 13

Una mezcla de judías verdes y berenjena. ............................................. 14

Una mezcla de aceitunas y alcachofas ................................................... 15

Dip de cúrcuma y pimienta ...................................................................... 16

Se aplican lentes ..................................................................................... 17

nueces tostadas ...................................................................................... 18

Cuadrados de arándanos ........................................................................ 19

Palitos de coliflor ..................................................................................... 20

Cuencos de almendras y semillas .......................................................... 21

Patatas fritas ........................................................................................... 22

salsa de col rizada .................................................................................. 23

Papas fritas de remolacha ...................................................................... 24

Dip de calabacín ..................................................................................... 25

Mix de Semillas y Manzana .................................................................... 26

Propagación de calabaza ....................................................................... 27

Crema de espinacas ............................................................................... 28

Salsa de aceitunas y cilantro .................................................................. 29

Dip de cebollino y remolacha ................................................................. 30

salsa de pepino ...................................................................................... 31

salsa de garbanzos ................................................................................ 32

dip de aceitunas ..................................................................................... 33

Dip de bolas de coco .............................................................................. 34

Dip de piñones y coco ............................................................................ 35

| | |
|---|---|
| Salsa de rúcula y pepino | 36 |
| Dip de queso | 37 |
| Dip de yogur con pimentón | 38 |
| Salsa De Coliflor | 39 |
| Pasta de camarones | 40 |
| salsa de durazno | 41 |
| chips de zanahoria | 42 |
| Bocaditos de espárragos | 43 |
| Cuencos de higos fritos | 44 |
| Salsa de repollo y camarones | 45 |
| Rebanadas de aguacate | 46 |
| Salsa de limón | 47 |
| Dip de patata dulce | 48 |
| Salsa De Frijoles | 49 |
| Salsa De Judías Verdes | 50 |
| Propagación de zanahoria | 51 |
| Dip de tomate | 52 |
| Cuencos de salmón | 53 |
| Salsa de tomate y maíz | 54 |
| Champiñones fritos | 55 |
| Los frijoles se esparcen | 56 |
| Salsa de cilantro e hinojo | 57 |
| Bocaditos de coles de Bruselas | 58 |
| nueces balsámicas | 59 |
| Chips de rábano | 60 |
| Ensalada de puerros y gambas | 61 |
| salsa de puerro | 62 |

| | |
|---|---|
| Ensalada De Pimientos | 63 |
| Crema de aguacate | 64 |
| salsa de maiz | 65 |
| barras de frijol | 66 |
| Una mezcla de pepitas de calabaza y chips de manzana | 67 |
| Dip de tomate y yogur | 68 |
| Cuencos de remolacha y cayena | 69 |
| Tazones De Nueces Y Pacanas | 70 |
| Muffins de salmón al perejil | 71 |
| pelotas de calabaza | 72 |
| Tazones de cebolla perla con queso | 73 |
| Palitos de brócoli | 74 |
| Salsa de piña y tomate | 75 |
| Mix de pavo y alcachofas | 76 |
| Mezcla de pavo al orégano | 77 |
| pollo naranja | 78 |
| Pavo al ajillo y champiñones | 79 |
| Pan de pollo y aceitunas | 80 |
| Mezcla balsámica de pavo y melocotón | 81 |
| Pollo al coco y espinacas | 82 |
| Una mezcla de pollo y espárragos | 84 |
| Pavo y Brócoli Cremoso | 85 |
| Una mezcla de pollo y judías verdes con eneldo | 86 |
| Calabaza de pollo y chile | 88 |
| Una mezcla de aguacate y pollo. | 90 |
| Pavo y Bok Choy | 91 |
| Mezcla de pollo con cebolla roja | 92 |

| | |
|---|---|
| Pavo caliente y arroz | 93 |
| Limón puerro y pollo | 95 |
| Pavo con mezcla de col rizada | 96 |
| Pollo con pimentón y cebolla | 97 |
| Salsa de pollo con mostaza | 99 |
| Una mezcla de pollo y apio. | 100 |
| Pavo a la lima con patatas baby | 102 |
| Pollo con hojas de mostaza | 104 |
| pollo frito y manzanas | 106 |
| pollo al chipotle | 108 |
| pavo de hierbas | 110 |
| salsa de pollo y jengibre | 111 |
| pollo y maíz | 112 |
| Pavo al Curry y Quinoa | 113 |
| Chirivías de pavo y comino | 114 |
| Garbanzos de pavo y cilantro | 115 |
| Pavo con frijoles y aceitunas | 117 |
| quinoa con pollo y tomate | 118 |
| Alitas de pollo con pimienta de Jamaica | 119 |
| Pollo y guisantes | 120 |
| Mezcla de camarones y ananá | 121 |
| Salmón y aceitunas verdes | 122 |
| salmón e hinojo | 123 |
| Bacalao y espárragos | 124 |
| camarones sazonados | 125 |
| Lubina y tomates | 126 |
| camarones y frijoles | 127 |

| | |
|---|---|
| Mezcla de camarones y rábano picante | 128 |
| Ensalada de gambas y estragón | 129 |
| Mezcla de bacalao a la parmesana | 130 |
| Mezcla de tilapia y cebolla roja | 131 |
| Ensalada de trucha | 132 |
| Trucha balsámica | 133 |
| salmón al perejil | 134 |
| Ensalada de trucha y verduras | 135 |
| Salmón al azafrán | 136 |
| Ensalada de gambas y sandía | 137 |
| Ensalada de gambas y quinoa al orégano | 138 |
| Ensalada de cangrejo | 139 |
| Vieiras balsámicas | 140 |
| Mezcla cremosa de lenguado | 141 |
| Mezcla picante de salmón y mango | 142 |
| Mezcla de gambas al eneldo | 143 |
| paté de salmón | 144 |
| Gambas con alcachofas | 145 |
| Camarones con salsa de limón | 146 |
| Una mezcla de atún y naranja. | 147 |
| curry de salmón | 148 |
| Mezcla de salmón y zanahoria | 149 |
| Una mezcla de gambas y piñones. | 150 |
| Bacalao picante y judías verdes | 151 |
| vieiras al ajillo | 153 |
| Mix cremoso de lubina | 154 |
| Mezcla de lubina y champiñones | 155 |

Queso de salmón .................................................................. 156

Camarones a la nuez moscada ........................................... 157

Mezcla de camarones y bayas ............................................ 158

Trucha al limón frita ............................................................. 159

Cebollino Vieiras .................................................................. 160

Albóndigas de atún .............................................................. 161

sartén de salmón ................................................................. 162

Mezcla de bacalao a la mostaza ......................................... 163

Mezcla de gambas y espárragos ........................................ 164

bacalao y guisantes ............................................................. 165

Tazones de camarones y almejas ...................................... 166

Recetas de postres de la dieta Dash ...................................... 167

Crema de menta ................................................................... 168

budín de frambuesa ............................................................. 169

Barritas de almendras .......................................................... 170

Revuelto de Duraznos al Horno .......................................... 171

Pastel de nuez ...................................................................... 172

tarta de manzana ................................................................. 173

crema de canela ................................................................... 174

Mezcla cremosa de fresas ................................................... 175

Brownies de vainilla y pecanas ........................................... 176

pastel de fresa ...................................................................... 177

budín de cacao ..................................................................... 179

Crema de nuez moscada y vainilla ..................................... 180

Crema de Aguacate ............................................................. 181

crema de frambuesa ............................................................ 182

Ensalada de sandía .............................................................. 183

Mezcla de coco y pera ........................................................................ 184

compota de manzana ......................................................................... 185

estofado de albaricoque ..................................................................... 186

Mezcla de melón y limón .................................................................... 187

Crema cremosa de ruibarbo ............................................................... 188

Cuencos de piña ................................................................................. 189

Estofado de arándanos ...................................................................... 190

budín de lima ..................................................................................... 191

Crema de durazno .............................................................................. 192

Mezcla de canela y ciruela ................................................................. 193

Manzanas con chía y vainilla ............................................................. 194

Budín de arroz y pera ......................................................................... 195

Estofado de ruibarbo .......................................................................... 196

Crema de ruibarbo ............................................................................. 197

Ensalada de arándanos ..................................................................... 198

Crema de dátiles y plátano ................................................................ 199

Magdalenas De Ciruela ...................................................................... 200

Cuencos de ciruelas y pasas ............................................................. 201

Barras de semillas de girasol ............................................................. 202

Cuencos de moras y anacardos ........................................................ 203

Cuencos de naranja y mandarina ...................................................... 204

crema de calabaza ............................................................................. 205

Mezcla de higos y ruibarbo ................................................................ 206

Plátano especiado .............................................................................. 207

batido de cacao .................................................................................. 208

Barras de plátano ............................................................................... 209

Té verde y dátiles ............................................................................... 210

Crema de nueces ........................................................................ 211
Pastel de limón ......................................................................... 212
Barras de pasas ....................................................................... 213
Cuadritos de nectarinas ........................................................... 214
Guiso de uva ............................................................................ 215
Crema de mandarina y ciruela ................................................. 216
Crema de cerezas y fresas ...................................................... 217
Nueces de cardamomo y arroz con leche ............................... 218
pan de pera .............................................................................. 219
Budín de arroz y cerezas ......................................................... 220
Guiso de sandía ....................................................................... 221

# Salteado de hojas de mostaza

**Tiempo de preparación:** 10 minutos
**Tiempo de cocción:** 12 minutos
**Porciones:** 4

**Ingredientes:**
- 6 tazas de hojas de mostaza
- 2 cucharadas de aceite de oliva
- 2 cebolletas, picadas
- ½ taza de crema de coco
- 2 cucharadas de pimentón dulce
- Pimienta negra al gusto

**Direcciones:**
1. Caliente la sartén en aceite a fuego medio, agregue las cebollas, el pimentón y la pimienta negra, mezcle y saltee por 3 minutos.
2. Agregue las hojas de mostaza y otros ingredientes, mezcle, cocine por otros 9 minutos, divida en platos y sirva como guarnición.

**Nutrición:** calorías 163, grasa 14.8, fibra 4.9, carbohidratos 8.3, proteína 3.6

# Mezcla de Bok Choy

**Tiempo de preparación: 10 minutos**
**Tiempo de cocción: 12 minutos**
**Porciones: 4**

**Ingredientes:**
- 1 cucharada de aceite de aguacate
- 1 cucharada de vinagre balsámico
- 1 cebolla amarilla, picada
- 1 libra de bok choy, desgarrado
- 1 cucharadita de comino, molido
- 1 cucharada de aminos de coco
- ¼ taza de caldo de verduras bajo en sodio
- Pimienta negra al gusto

**Direcciones:**
1. Calienta una sartén con aceite a fuego medio, agrega la cebolla, el comino y la pimienta negra, revuelve y cocina por 3 minutos.
2. Agregue bok choy y otros ingredientes, mezcle, cocine por otros 8-9 minutos, divida en platos y sirva como guarnición.

**Nutrición:** Calorías 38, grasa 0.8, fibra 2, carbohidratos 6.5, proteína 2.2

# Una mezcla de judías verdes y berenjena.

**Tiempo de preparación: 4 minutos**
**Tiempo de cocción: 40 minutos**
**Porciones: 4**

**Ingredientes:**
- 1 libra de judías verdes, cortadas y cortadas por la mitad
- 1 berenjena pequeña, cortada en trozos grandes
- 1 cebolla amarilla, picada
- 2 cucharadas de aceite de oliva
- 2 cucharadas de jugo de lima
- 1 cucharadita de pimentón ahumado
- ¼ taza de caldo de verduras bajo en sodio
- Pimienta negra al gusto
- ½ cucharadita de orégano, seco

**Direcciones:**
1. Combine las judías verdes con la berenjena y otros ingredientes en una sartén, mezcle, ponga en el horno, hornee a 390 grados durante 40 minutos, divida en platos y sirva como guarnición.

**Nutrición:** calorías 141, grasa 7.5, fibra 8.9, carbohidratos 19, proteína 3.7

# Una mezcla de aceitunas y alcachofas

**Tiempo de preparación: 5 minutos**
**Tiempo de cocción: 0 minutos**
**Porciones: 4**

**Ingredientes:**
- 10 onzas de corazones de alcachofa enlatados, sin sal, escurridos y partidos por la mitad
- 1 taza de aceitunas negras, sin hueso y rebanadas
- 1 cucharada de alcaparras, escurridas
- 1 taza de aceitunas verdes, sin hueso y en rodajas
- 1 cucharada de perejil picado
- Pimienta negra al gusto
- 2 cucharadas de aceite de oliva
- 2 cucharadas de vinagre de vino tinto
- 1 cucharada de cebollín picado

**Direcciones:**
1. Mezclar las alcachofas en una ensaladera con las aceitunas y otros ingredientes, mezclar y servir como guarnición.

**Nutrición:** calorías 138, grasa 11, fibra 5.1, carbohidratos 10, proteína 2.7

# Dip de cúrcuma y pimienta

**Tiempo de preparación: 4 minutos**
**Tiempo de cocción: 0 minutos**
**Porciones: 4**

**Ingredientes:**
- 1 cucharadita de cúrcuma en polvo
- 1 taza de crema de coco
- 14 onzas de pimiento rojo, sin sal, picado
- Jugo de ½ limón
- 1 cucharada de cebollín picado

**Direcciones:**
1. En su licuadora, mezcle los pimientos con la cúrcuma y otros ingredientes excepto el cebollín, hierva bien, divida en tazones y sirva como botana con cebollino espolvoreado por encima.

**Nutrición:** calorías 183, grasa 14,9, fibra 3, carbohidratos 12,7, proteína 3,4

# Se aplican lentes

**Tiempo de preparación:** 5 minutos
**Tiempo de cocción:** 0 minutos
**Porciones:** 4

**Ingredientes:**
- 14 oz de lentejas enlatadas, escurridas, sin sal, enjuagadas
- Jugo de 1 limón
- 2 dientes de ajo, picados
- 2 cucharadas de aceite de oliva
- ½ taza de cilantro picado

**Direcciones:**
1. Mezcle las lentejas en una licuadora con aceite y otros ingredientes, hierva bien, divida en tazones y sirva para untar en una fiesta.

**Nutrición:** calorías 416, grasa 8.2, fibra 30.4, carbohidratos 60.4, proteína 25.8

# nueces tostadas

**Tiempo de preparación:** 5 minutos
**Tiempo de cocción:** 15 minutos
**Porciones:** 8

**Ingredientes:**
- ½ cucharadita de pimentón ahumado
- ½ cucharadita de chile en polvo
- ½ cucharadita de ajo en polvo
- 1 cucharada de aceite de aguacate
- Una pizca de pimienta de cayena
- 14 onzas de nueces

**Direcciones:**
1. Extienda las nueces en una bandeja para hornear forrada, agregue pimentón y otros ingredientes, mezcle y hornee a 410 grados durante 15 minutos.
2. Dividir en tazones y servir como refrigerio.

**Nutrición:** calorías 311, grasa 29.6, fibra 3.6, carbohidratos 5.3, proteína 12

# Cuadrados de arándanos

**Tiempo de preparación:** 3 horas y 5 minutos

**Tiempo de cocción: 0 minutos**
**Porciones: 4**

## Ingredientes:
- 2 onzas de crema de coco
- 2 cucharadas de avena
- 2 cucharadas de coco, rallado
- 1 taza de arándanos

## Direcciones:
1. Combine la avena con los arándanos y otros ingredientes en una licuadora, hierva bien y extienda en una fuente cuadrada.

Cortar en cuadrados y guardar en el frigorífico durante 3 horas antes de servir.

**Nutrición:** Calorías 66, grasa 4.4, fibra 1.8, carbohidratos 5.4, proteína 0.8

# Palitos de coliflor

**Tiempo de preparación: 10 minutos**
**Tiempo de cocción: 30 minutos**
**Porciones: 8**

**Ingredientes:**
- 2 tazas de harina de trigo integral
- 2 cucharaditas de polvo de hornear
- una pizca de pimienta negra
- 2 huevos batidos
- 1 taza de leche de almendras
- 1 taza de floretes de coliflor, picados
- ½ taza de queso cheddar bajo en grasa, rallado

**Direcciones:**
1. En un bol, mezcle la harina con la coliflor y los demás ingredientes y mezcle bien.
2. Extienda en una bandeja para hornear, ponga en el horno, hornee a 400 grados durante 30 minutos, corte en trozos y sirva como refrigerio.

**Nutrición:** calorías 430, grasa 18.1, fibra 3.7, carbohidratos 54, proteína 14.5

# Cuencos de almendras y semillas

**Tiempo de preparación:** 5 minutos
**Tiempo de cocción:** 10 minutos
**Porciones:** 4

**Ingredientes:**
- 2 tazas de almendras
- ¼ taza de coco, rallado
- 1 mango pelado y cortado en cubitos
- 1 taza de semillas de girasol
- Spray para cocinar

**Direcciones:**
1. Extienda las semillas de almendras, coco, mango y girasol en una bandeja para hornear, engrase con aceite en aerosol, mezcle y hornee a 400 grados durante 10 minutos.
2. Dividir en tazones y servir como refrigerio.

**Nutrición:** calorías 411, grasa 31.8, fibra 8.7, carbohidratos 25.8, proteína 13.3

# Patatas fritas

**Tiempo de preparación: 10 minutos**
**Tiempo de cocción: 20 minutos**
**Porciones: 4**

**Ingredientes:**
- 4 papas doradas, peladas y en rodajas finas
- 2 cucharadas de aceite de oliva
- 1 cucharada de chile en polvo
- 1 cucharadita de pimentón dulce
- 1 cucharada de cebollín picado

**Direcciones:**
1. Extienda las papas fritas en una bandeja para hornear forrada, agregue aceite y otros ingredientes, mezcle, ponga en el horno y hornee a 390 grados durante 20 minutos.
2. Dividir en tazones y servir.

**Nutrición:** calorías 118, grasa 7.4, fibra 2.9, carbohidratos 13.4, proteína 1.3

# salsa de col rizada

**Tiempo de preparación: 10 minutos**
**Tiempo de cocción: 20 minutos**
**Porciones: 4**

**Ingredientes:**
- 1 manojo de hojas de col rizada
- 1 taza de crema de coco
- 1 chalote, picado
- 1 cucharada de aceite de oliva
- 1 cucharadita de chile en polvo
- una pizca de pimienta negra

**Direcciones:**
1. Caliente la sartén en aceite a fuego medio, agregue las chalotas, mezcle y saltee durante 4 minutos.
2. Agregue la col rizada y otros ingredientes, hierva y cocine a fuego medio durante 16 minutos.
3. Mezcle con una licuadora de inmersión, divida en tazones y sirva como refrigerio.

**Nutrición:** calorías 188, grasa 17.9, fibra 2.1, carbohidratos 7.6, proteína 2.5

# Papas fritas de remolacha

**Tiempo de preparación: 10 minutos**
**Tiempo de cocción: 35 minutos**
**Porciones: 4**

**Ingredientes:**
- 2 remolachas, peladas y en rodajas finas
- 1 cucharada de aceite de aguacate
- 1 cucharadita de comino, molido
- 1 cucharadita de semillas de hinojo trituradas
- 2 cucharaditas de ajo picado

**Direcciones:**
1. Extienda los chips de remolacha en una bandeja para hornear forrada, agregue aceite y otros ingredientes, mezcle, ponga en el horno y hornee a 400 grados durante 35 minutos.
2. Divida en tazones y sirva como refrigerio.

**Nutrición:** calorías 32, grasa 0.7, fibra 1.4, carbohidratos 6.1, proteína 1.1

# Dip de calabacín

**Tiempo de preparación:** 5 minutos
**Tiempo de cocción:** 10 minutos
**Porciones:** 4

**Ingredientes:**
- ½ dl de yogur sin grasa
- 2 calabacines, picados
- 1 cucharada de aceite de oliva
- 2 cebolletas, picadas
- ¼ taza de caldo de verduras bajo en sodio
- 2 dientes de ajo, picados
- 1 cucharada de eneldo, picado
- Una pizca de nuez moscada, molida

**Direcciones:**
1. Caliente la sartén en aceite a fuego medio, agregue las cebollas y el ajo, mezcle y saltee por 3 minutos.
2. Agregue el calabacín y otros ingredientes excepto el yogur, mezcle, cocine por otros 7 minutos y retire del fuego.
3. Agregue el yogur, mezcle con una batidora de mano, divida en tazones y sirva.

**Nutrición:** calorías 76, grasa 4.1, fibra 1.5, carbohidratos 7.2, proteína 3.4

# Mix de Semillas y Manzana

Tiempo de preparación: **10 minutos**
Tiempo de cocción: **20 minutos**
Porciones: **4**

Ingredientes:
- 2 cucharadas de aceite de oliva
- 1 cucharadita de pimentón ahumado
- 1 taza de semillas de girasol
- 1 taza de semillas de chía
- 2 manzanas, peladas y en rodajas
- ½ cucharadita de comino molido
- Una pizca de pimienta de cayena

Direcciones:
1. Combine las semillas en un tazón con las manzanas y otros ingredientes, mezcle, extienda sobre una bandeja para hornear forrada, coloque en el horno y hornee a 350 grados durante 20 minutos.
2. Dividir en tazones y servir como refrigerio.

**Nutrición:** calorías 222, grasa 15.4, fibra 6.4, carbohidratos 21.1, proteína 4

# Propagación de calabaza

**Tiempo de preparación:** 5 minutos
**Tiempo de cocción:** 0 minutos
**Porciones:** 4

**Ingredientes:**
- 2 tazas de pulpa de calabaza
- ½ taza de semillas de calabaza
- 1 cucharada de jugo de limón
- 1 cucharada de pasta de semillas de sésamo
- 1 cucharada de aceite de oliva

**Direcciones:**
1. Combine la calabaza con las semillas y otros ingredientes en una licuadora, triture bien, divida en tazones y sirva para untar en una fiesta.

**Nutrición:** calorías 162, grasa 12.7, fibra 2.3, carbohidratos 9.7, proteína 5.5

# Crema de espinacas

**Tiempo de preparación: 10 minutos**
**Tiempo de cocción: 20 minutos**
**Porciones: 4**

**Ingredientes:**
- 1 kilo de espinacas picadas
- 1 taza de crema de coco
- 1 taza de queso mozzarella bajo en grasa, rallado
- una pizca de pimienta negra
- 1 cucharada de eneldo, picado

**Direcciones:**
1. Combine las espinacas con la crema y otros ingredientes en una fuente para horno, mezcle bien, ponga en el horno y hornee a 400 grados durante 20 minutos.
2. Dividir en tazones y servir.

**Nutrición:** calorías 186, grasa 14.8, fibra 4.4, carbohidratos 8.4, proteína 8.8

# Salsa de aceitunas y cilantro

**Tiempo de preparación:** 5 minutos
**Tiempo de cocción:** 0 minutos
**Porciones:** 4

**Ingredientes:**
- 1 cebolla roja, picada
- 1 taza de aceitunas negras, sin hueso y partidas por la mitad
- 1 pepino, cortado en cubitos
- ¼ taza de cilantro picado
- una pizca de pimienta negra
- 2 cucharadas de jugo de lima

**Direcciones:**
1. Combine las aceitunas con el pepino y otros ingredientes en un tazón, mezcle y sirva como refrigerio frío.

**Nutrición:** calorías 64, grasa 3.7, fibra 2.1, carbohidratos 8.4, proteína 1.1

# Dip de cebollino y remolacha

**Tiempo de preparación:** 5 minutos
**Tiempo de cocción:** 25 minutos
**Porciones:** 4

**Ingredientes:**
- 2 cucharadas de aceite de oliva
- 1 cebolla roja, picada
- 2 cucharadas de cebollín picado
- una pizca de pimienta negra
- 1 remolacha, pelada y picada
- 8 onzas de queso crema bajo en grasa
- 1 taza de crema de coco

**Direcciones:**
1. Calentar la sartén en aceite a fuego medio, agregar la cebolla y saltear por 5 minutos.
2. Agregue el resto de los ingredientes y cocine todo durante 20 minutos, revolviendo con frecuencia.
3. Transfiera la mezcla a una licuadora, hierva bien, divida en tazones y sirva.

**Nutrición:** calorías 418, grasa 41.2, fibra 2.5, carbohidratos 10, proteína 6.4

# salsa de pepino

**Tiempo de preparación:** 5 minutos
**Tiempo de cocción:** 0 minutos
**Porciones:** 4

**Ingredientes:**
- 1 kilo de pepino picado
- 1 aguacate, pelado, sin hueso y cortado en cubitos
- 1 cucharada de alcaparras, escurridas
- 1 cucharada de cebollín picado
- 1 cebolla roja pequeña, cortada en cubitos
- 1 cucharada de aceite de oliva
- 1 cucharada de vinagre balsámico

**Direcciones:**
1. Mezcle los pepinos con el aguacate y otros ingredientes en un tazón, mezcle, divida en tazas pequeñas y sirva.

**Nutrición:** calorías 132, grasa 4.4, fibra 4, carbohidratos 11.6, proteína 4.5

# salsa de garbanzos

**Tiempo de preparación:** 5 minutos
**Tiempo de cocción:** 0 minutos
**Porciones:** 4

**Ingredientes:**
- 1 cucharada de aceite de oliva
- 1 cucharada de jugo de limón
- 1 cucharada de pasta de semillas de sésamo
- 2 cucharadas de cebollín picado
- 2 cebolletas, picadas
- 2 tazas de guisantes enlatados, sin sal, escurridos y enjuagados

**Direcciones:**
1. En su licuadora, mezcle los garbanzos con el aceite y otros ingredientes excepto el cebollino, hierva bien, divida en tazones, espolvoree con cebollino y sirva.

**Nutrición:** calorías 280, grasa 13.3, fibra 5.5, carbohidratos 14.8, proteína 6.2

# dip de aceitunas

**Tiempo de preparación: 4 minutos**
**Tiempo de cocción: 0 minutos**
**Porciones: 4**

**Ingredientes:**
- 2 tazas de aceitunas negras, sin hueso y picadas
- 1 taza de menta, picada
- 2 cucharadas de aceite de aguacate
- ½ taza de crema de coco
- ¼ taza de jugo de lima
- una pizca de pimienta negra

**Direcciones:**
1. Mezcle las aceitunas con menta y otros ingredientes en una licuadora, hierva bien, divida en tazones y sirva.

**Nutrición:** calorías 287, grasa 13.3, fibra 4.7, carbohidratos 17.4, proteína 2.4

# Dip de bolas de coco

**Tiempo de preparación:** 5 minutos
**Tiempo de cocción:** 0 minutos
**Porciones:** 4

**Ingredientes:**
- 4 cebolletas, picadas
- 1 chalota, picada
- 1 cucharada de jugo de lima
- una pizca de pimienta negra
- 2 onzas de queso mozzarella bajo en grasa, rallado
- 1 taza de crema de coco
- 1 cucharada de perejil picado

**Direcciones:**
1. Mezcle las cebolletas en una licuadora con los chalotes y otros ingredientes, hierva bien, divida en tazones y sirva como salsa para fiestas.

**Nutrición:** calorías 271, grasa 15,3, fibra 5, carbohidratos 15,9, proteína 6,9

# Dip de piñones y coco

**Tiempo de preparación: 5 minutos**
**Tiempo de cocción: 0 minutos**
**Porciones: 4**

**Ingredientes:**
- 8 onzas de crema de coco
- 1 cucharada de piñones picados
- 2 cucharadas de perejil picado
- una pizca de pimienta negra

**Direcciones:**
1. Mezclar en un bol la nata con los piñones y los demás ingredientes, batir bien, dividir en tazones y servir.

**Nutrición:** calorías 281, grasa 13, fibra 4.8, carbohidratos 16, proteína 3.56

# Salsa de rúcula y pepino

**Tiempo de preparación: 5 minutos**
**Tiempo de cocción: 0 minutos**
**Porciones: 4**

**Ingredientes:**
- 4 cebollas, picadas
- 2 tomates, cortados en cubitos
- 4 pepinos, cortados en cubitos
- 1 cucharada de vinagre balsámico
- 1 taza de hojas de rúcula baby
- 2 cucharadas de jugo de limón
- 2 cucharadas de aceite de oliva
- una pizca de pimienta negra

**Direcciones:**
1. Combine el ajo en un tazón con los tomates y otros ingredientes, mezcle, divida en tazones pequeños y sirva como refrigerio.

**Nutrición:** calorías 139, grasa 3.8, fibra 4.5, carbohidratos 14, proteína 5.4

# Dip de queso

**Tiempo de preparación: 5 minutos**
**Tiempo de cocción: 0 minutos**
**Porciones: 6**

**Ingredientes:**
- 1 cucharada de menta picada
- 1 cucharada de orégano picado
- 10 onzas de queso crema sin grasa
- ½ taza de jengibre, en rodajas
- 2 cucharadas de harina de coco

**Direcciones:**
1. En su licuadora, mezcle el queso crema con el jengibre y otros ingredientes, hierva bien, divida en tazas pequeñas y sirva.

**Nutrición:** calorías 388, grasa 15.4, fibra 6, carbohidratos 14.3, proteína 6

# Dip de yogur con pimentón

**Tiempo de preparación:** 5 minutos
**Tiempo de cocción:** 0 minutos
**Porciones:** 4

**Ingredientes:**
- 3 tazas de yogur sin grasa
- 2 cebolletas, picadas
- 1 cucharadita de pimentón dulce
- ¼ taza de almendras picadas
- ¼ taza de eneldo, picado

**Direcciones:**
1. En un tazón, mezcle el yogur con las cebollas y otros ingredientes, bata, divida en tazones y sirva.

**Nutrición:** calorías 181, grasa 12.2, fibra 6, carbohidratos 14.1, proteína 7

# Salsa De Coliflor

**Tiempo de preparación: 5 minutos**
**Tiempo de cocción: 0 minutos**
**Porciones: 4**

**Ingredientes:**
- 1 kilo de floretes de coliflor, blanqueados
- 1 taza de aceitunas kalamata, sin hueso y cortadas por la mitad
- 1 taza de tomates cherry, cortados a la mitad
- 1 cucharada de aceite de oliva
- 1 cucharada de jugo de lima
- una pizca de pimienta negra

**Direcciones:**
1. Combine la coliflor con las aceitunas y otros ingredientes en un tazón, mezcle y sirva.

**Nutrición:** calorías 139, grasa 4, fibra 3.6, carbohidratos 5.5, proteína 3.4

# Pasta de camarones

**Tiempo de preparación: 5 minutos**
**Tiempo de cocción: 0 minutos**
**Porciones: 4**

**Ingredientes:**
- 8 onzas de crema de coco
- 1 kilo de langostinos, cocidos, pelados, troceados y troceados
- 2 cucharadas de eneldo picado
- 2 cebolletas, picadas
- 1 cucharada de cilantro picado
- una pizca de pimienta negra

**Direcciones:**
1. En un tazón, mezcle los camarones con la crema y los demás ingredientes, mezcle y sirva para untar.

**Nutrición:** calorías 362, grasa 14.3, fibra 6, carbohidratos 14.6, proteína 5.9

# salsa de durazno

**Tiempo de preparación: 4 minutos**
**Tiempo de cocción: 0 minutos**
**Porciones: 4**

**Ingredientes:**
- 4 duraznos, sin hueso y cortados en cubitos
- 1 taza de aceitunas kalamata, sin hueso y cortadas por la mitad
- 1 aguacate, sin hueso, pelado y cortado en cubitos
- 1 taza de tomates cherry, cortados a la mitad
- 1 cucharada de aceite de oliva
- 1 cucharada de jugo de lima
- 1 cucharada de cilantro picado

**Direcciones:**
1. Combine los duraznos en un bol con las aceitunas y otros ingredientes, mezcle bien y sirva frío.

**Nutrición:** Calorías 200, grasa 7,5, fibra 5, carbohidratos 13,3, proteína 4,9

# chips de zanahoria

**Tiempo de preparación: 10 minutos**
**Tiempo de cocción: 20 minutos**
**Porciones: 4**

**Ingredientes:**
- 4 zanahorias en rodajas finas
- 2 cucharadas de aceite de oliva
- una pizca de pimienta negra
- 1 cucharadita de pimentón dulce
- ½ cucharadita de cúrcuma en polvo
- Una pizca de pimiento rojo

**Direcciones:**
1. Combine los chips de zanahoria en un tazón con el aceite y otros ingredientes y mezcle.
2. Extienda las papas en una bandeja para hornear forrada, hornee a 400 grados durante 25 minutos, divida en tazones y sirva como refrigerio.

**Nutrición:** calorías 180, grasa 3, fibra 3.3, carbohidratos 5.8, proteína 1.3

# Bocaditos de espárragos

**Tiempo de preparación:** 4 minutos
**Tiempo de cocción:** 20 minutos
**Porciones:** 4

**Ingredientes:**
- 2 cucharadas de aceite de coco, derretido
- 1 kilo de espárragos, cortados y partidos por la mitad
- 1 cucharadita de ajo en polvo
- 1 cucharadita de romero, seco
- 1 cucharadita de chile en polvo

**Direcciones:**
1. Mezcle los espárragos en un recipiente con aceite y otros ingredientes, mezcle, extienda sobre una bandeja para hornear forrada y hornee a 400 grados durante 20 minutos.
2. Dividir en tazones y servir como refrigerio frío.

**Nutrición:** calorías 170, grasa 4.3, fibra 4, carbohidratos 7, proteína 4.5

# Cuencos de higos fritos

**Tiempo de preparación: 4 minutos**
**Tiempo de cocción: 12 minutos**
**Porciones: 4**

**Ingredientes:**
- 8 higos, partidos por la mitad
- 1 cucharada de aceite de aguacate
- 1 cucharadita de nuez moscada, molida

**Direcciones:**
1. Combine los higos con aceite y nuez moscada en una sartén, mezcle y hornee a 400 grados durante 12 minutos.
2. Divide los higos en tazones pequeños y sírvelos como refrigerio.

**Nutrición:** calorías 180, grasa 4.3, fibra 2, carbohidratos 2, proteína 3.2

# Salsa de repollo y camarones

**Tiempo de preparación:** 5 minutos
**Tiempo de cocción:** 6 minutos
**Porciones:** 4

**Ingredientes:**
- 2 tazas de repollo rojo, rallado
- 1 kilo de camarones, pelados y desvenados
- 1 cucharada de aceite de oliva
- una pizca de pimienta negra
- 2 cebolletas, picadas
- 1 taza de tomates cortados en cubitos
- ½ cucharadita de ajo en polvo

**Direcciones:**
1. Calienta una sartén con aceite a fuego medio, agrega los camarones, revuelve y cocina por 3 minutos por cada lado.
2. Mezcle el repollo en un tazón con los camarones y otros ingredientes, mezcle, divida en tazones pequeños y sirva.

**Nutrición:** Calorías 225, grasa 9.7, fibra 5.1, carbohidratos 11.4, proteína 4.5

# Rebanadas de aguacate

**Tiempo de preparación:** 5 minutos
**Tiempo de cocción:** 10 minutos
**Porciones:** 4

**Ingredientes:**
- 2 aguacates, pelados, sin hueso y en rodajas
- 1 cucharada de aceite de aguacate
- 1 cucharada de jugo de lima
- 1 cucharadita de cilantro, molido

**Direcciones:**
1. Extienda las rodajas de aguacate en una bandeja para hornear forrada, agregue aceite y otros ingredientes, mezcle y hornee a 300 grados durante 10 minutos.
2. Divida en tazas y sirva como refrigerio.

**Nutrición:** calorías 212, grasa 20.1, fibra 6.9, carbohidratos 9.8, proteína 2

# Salsa de limón

**Tiempo de preparación: 4 minutos**
**Tiempo de cocción: 0 minutos**
**Porciones: 4**

**Ingredientes:**
- 1 taza de queso crema bajo en grasa
- Pimienta negra al gusto
- ½ taza de jugo de limón
- 1 cucharada de cilantro picado
- 3 dientes de ajo, picados

**Direcciones:**
1. Mezcle el queso crema con el jugo de limón y otros ingredientes en un procesador de alimentos, hierva bien, divida en tazones y sirva.

**Nutrición:** calorías 213, grasa 20,5, fibra 0,2, carbohidratos 2,8, proteína 4,8

# Dip de patata dulce

**Tiempo de preparación:** 10 minutos
**Tiempo de cocción:** 40 minutos
**Porciones:** 4

**Ingredientes:**
- 1 taza de camote, pelado y cortado en cubitos
- 1 cucharada de caldo de verduras bajo en sodio
- Spray para cocinar
- 2 cucharadas de crema de coco
- 2 cucharaditas de romero, seco
- Pimienta negra al gusto

**Direcciones:**
1. Combine las papas con el caldo y otros ingredientes en una fuente para horno, mezcle, hornee a 365 grados durante 40 minutos, transfiera a una licuadora, revuelva bien, divida en tazones pequeños y sirva.

**Nutrición:** Calorías 65, grasa 2.1, fibra 2, carbohidratos 11.3, proteína 0.8

# Salsa De Frijoles

**Tiempo de preparación: 5 minutos**
**Tiempo de cocción: 0 minutos**
**Porciones: 4**

**Ingredientes:**
- 1 taza de latas de frijoles negros, sin sal, escurridos
- 1 taza de frijoles rojos enlatados, sin sal, escurridos
- 1 cucharadita de vinagre balsámico
- 1 dl de tomates cherry cortados en cubitos
- 1 cucharada de aceite de oliva
- 2 chalotes, picados

**Direcciones:**
1. Mezcla los frijoles en un bol con el vinagre y los demás ingredientes, mezcla y sirve como snack de fiesta.

**Nutrición:** calorías 362, grasa 4.8, fibra 14.9, carbohidratos 61, proteína 21.4

# Salsa De Judías Verdes

**Tiempo de preparación: 10 minutos**
**Tiempo de cocción: 10 minutos**
**Porciones: 4**

**Ingredientes:**
- 1 libra de judías verdes, cortadas y cortadas por la mitad
- 1 cucharada de aceite de oliva
- 2 cucharaditas de alcaparras, escurridas
- 6 onzas de aceitunas verdes, sin hueso y rebanadas
- 4 dientes de ajo, picados
- 1 cucharada de jugo de lima
- 1 cucharada de orégano picado
- Pimienta negra al gusto

**Direcciones:**
1. Caliente una sartén con aceite a fuego medio, agregue el ajo y las judías verdes, revuelva y cocine por 3 minutos.
2. Agregue el resto de los ingredientes, mezcle, cocine por otros 7 minutos, divida en tazas pequeñas y sirva frío.

**Nutrición:** calorías 111, grasa 6.7, fibra 5.6, carbohidratos 13.2, proteína 2.9

# Propagación de zanahoria

**Tiempo de preparación:** 10 minutos
**Tiempo de cocción:** 30 minutos
**Porciones:** 4

**Ingredientes:**
- 1 kilo de zanahorias peladas y picadas
- ½ dl de nueces picadas
- 2 tazas de caldo de verduras bajo en sodio
- 1 taza de crema de coco
- 1 cucharada de romero picado
- 1 cucharadita de ajo en polvo
- ¼ de cucharadita de pimentón ahumado

**Direcciones:**
1. En una cacerola pequeña, mezcle las zanahorias con el caldo, las nueces y otros ingredientes excepto la crema y el romero, revuelva, hierva a fuego medio, cocine por 30 minutos, escurra y transfiera a una licuadora.
2. Agregue la crema, mezcle bien, divida en tazones, espolvoree romero por encima y sirva.

**Nutrición:** calorías 201, grasa 8.7, fibra 3.4, carbohidratos 7.8, proteína 7.7

# Dip de tomate

**Tiempo de preparación: 10 minutos**
**Tiempo de cocción: 10 minutos**
**Porciones: 4**

**Ingredientes:**
- 1 kilo de tomates pelados y picados
- ½ taza de ajo picado
- 2 cucharadas de aceite de oliva
- una pizca de pimienta negra
- 2 chalotes, picados
- 1 cucharadita de tomillo, seco

**Direcciones:**
1. Caliente una sartén con aceite a fuego medio, agregue el ajo y los chalotes, mezcle y saltee durante 2 minutos.
2. Agregue los tomates y otros ingredientes, cocine por otros 8 minutos y transfiera a una licuadora.
3. Embotelle bien, divida en tazas pequeñas y sirva como refrigerio.

**Nutrición:** calorías 232, grasa 11.3, fibra 3.9, carbohidratos 7.9, proteína 4.5

# Cuencos de salmón

**Tiempo de preparación: 10 minutos**
**Tiempo de cocción: 0 minutos**
**Porciones: 6**

**Ingredientes:**
- 1 cucharada de aceite de aguacate
- 1 cucharada de vinagre balsámico
- ½ cucharadita de orégano, seco
- 1 taza de salmón ahumado, sin sal, sin espinas, sin piel y en cubos
- 1 taza de salsa
- 4 tazas de espinacas tiernas

**Direcciones:**
1. Combine el salmón con la salsa y otros ingredientes en un tazón, mezcle, divida en tazas pequeñas y sirva.

**Nutrición:** calorías 281, grasa 14.4, fibra 7.4, carbohidratos 18.7, proteína 7.4

# Salsa de tomate y maíz

**Tiempo de preparación:** 4 minutos
**Tiempo de cocción:** 0 minutos
**Porciones:** 4

**Ingredientes:**
- 3 tazas de maíz
- 2 tazas de tomates cortados en cubitos
- 2 cebollas verdes, picadas
- 2 cucharadas de aceite de oliva
- 1 chile rojo, picado
- ½ cucharada de cebollín picado

**Direcciones:**
1. En una ensaladera, mezcle los tomates con el maíz y los demás ingredientes, mezcle y sirva como botana fría.

**Nutrición:** Calorías 178, grasa 8,6, fibra 4,5, carbohidratos 25,9, proteína 4,7

# Champiñones fritos

**Tiempo de preparación:** 10 minutos
**Tiempo de cocción:** 25 minutos
**Porciones:** 4

**Ingredientes:**
- 1 kilo de champiñones pequeños
- 2 cucharadas de aceite de oliva
- 1 cucharada de cebollín picado
- 1 cucharada de romero picado
- Pimienta negra al gusto

**Direcciones:**
1. Ponga los champiñones en una sartén, agregue aceite y otros ingredientes, mezcle, hornee a 400 grados durante 25 minutos, divida en tazones y sirva como refrigerio.

**Nutrición:** calorías 215, grasa 12.3, fibra 6.7, carbohidratos 15.3, proteína 3.5

# Los frijoles se esparcen

**Tiempo de preparación: 5 minutos**
**Tiempo de cocción: 0 minutos**
**Porciones: 4**

**Ingredientes:**
- ½ taza de crema de coco
- 1 cucharada de aceite de oliva
- 2 tazas de latas de frijoles negros, sin sal, escurridos y enjuagados
- 2 cucharadas de cebolla verde, picada

**Direcciones:**
1. Mezcle los frijoles en una licuadora con la crema y otros ingredientes, hierva bien, divida en tazones y sirva.

**Nutrición:** calorías 311, grasa 13.5, fibra 6, carbohidratos 18.0, proteína 8

# Salsa de cilantro e hinojo

**Tiempo de preparación:** 5 minutos
**Tiempo de cocción:** 0 minutos
**Porciones:** 4

**Ingredientes:**
- 2 cebolletas, picadas
- 2 bulbos de hinojo, picados
- 1 chile verde, picado
- 1 tomate, picado
- 1 cucharadita de cúrcuma en polvo
- 1 cucharadita de jugo de lima
- 2 cucharadas de cilantro picado
- Pimienta negra al gusto

**Direcciones:**
1. Mezclar el hinojo en una ensaladera con las cebollas y otros ingredientes, mezclar, dividir en copas y servir.

**Nutrición:** calorías 310, grasa 11.5, fibra 5.1, carbohidratos 22.3, proteína 6.5

# Bocaditos de coles de Bruselas

**Tiempo de preparación: 10 minutos**
**Tiempo de cocción: 25 minutos**
**Porciones: 4**

**Ingredientes:**
- 1 kilo de coles de Bruselas cortadas y partidas por la mitad
- 2 cucharadas de aceite de oliva
- 1 cucharada de comino, molido
- 1 taza de eneldo, picado
- 2 dientes de ajo, picados

**Direcciones:**
1. Combine las coles de Bruselas en una sartén con aceite y otros ingredientes, mezcle y hornee a 390 grados durante 25 minutos.
2. Divida los brotes en tazones y sirva como refrigerio.

**Nutrición:** calorías 270, grasa 10.3, fibra 5.2, carbohidratos 11.1, proteína 6

# nueces balsámicas

**Tiempo de preparación:** 10 minutos
**Tiempo de cocción:** 15 minutos
**Porciones:** 4

**Ingredientes:**
- 2 tazas de nueces
- 3 cucharadas de vinagre de vino tinto
- Un chorrito de aceite de oliva
- Una pizca de pimienta de cayena
- Una pizca de pimiento rojo
- Pimienta negra al gusto

**Direcciones:**
1. Extienda las nueces en una bandeja para hornear forrada, agregue vinagre y otros ingredientes, mezcle y hornee a 400 grados durante 15 minutos.
2. Divide las nueces en tazones y sirve.

**Nutrición:** calorías 280, grasa 12.2, fibra 2, carbohidratos 15.8, proteína 6

# Chips de rábano

**Tiempo de preparación:** 10 minutos
**Tiempo de cocción:** 20 minutos
**Porciones:** 4

**Ingredientes:**
- 1 kilo de rábanos, en rodajas finas
- Una pizca de cúrcuma en polvo
- Pimienta negra al gusto
- 2 cucharadas de aceite de oliva

**Direcciones:**
1. Extienda los chips de rábano en una bandeja para hornear forrada, agregue aceite y otros ingredientes, mezcle y hornee a 400 grados durante 20 minutos.
2. Divide las papas en tazones y sirve.

**Nutrición:** calorías 120, grasa 8.3, fibra 1, carbohidratos 3.8, proteína 6

# Ensalada de puerros y gambas

**Tiempo de preparación: 4 minutos**
**Tiempo de cocción: 0 minutos**
**Porciones: 4**

**Ingredientes:**
- 2 puerros, en rodajas
- 1 taza de cilantro, picado
- 1 kilo de langostinos, pelados, en forma y cocidos
- Zumo de 1 lima
- 1 cucharada de cáscara de lima, rallada
- 1 taza de tomates cherry, cortados a la mitad
- 2 cucharadas de aceite de oliva
- Sal y pimienta negra al gusto

**Direcciones:**
1. Mezclar las gambas en una ensaladera con los puerros y otros ingredientes, mezclar, dividir en vasitos pequeños y servir.

**Nutrición:** calorías 280, grasa 9.1, fibra 5.2, carbohidratos 12.6, proteína 5

# salsa de puerro

**Tiempo de preparación: 5 minutos**
**Tiempo de cocción: 0 minutos**
**Porciones: 4**

**Ingredientes:**
- 1 cucharada de jugo de limón
- ½ taza de queso crema bajo en grasa
- 2 cucharadas de aceite de oliva
- Pimienta negra al gusto
- 4 puerros picados
- 1 cucharada de cilantro picado

**Direcciones:**
1. Combine el queso crema con los puerros y otros ingredientes en una licuadora, hierva bien, divida en tazones y sirva como salsa para fiestas.

**Nutrición:** calorías 300, grasa 12.2, fibra 7.6, carbohidratos 14.7, proteína 5.6

# Ensalada De Pimientos

**Tiempo de preparación:** 5 minutos
**Tiempo de cocción:** 0 minutos
**Porciones:** 4

**Ingredientes:**
- ½ kilo de pimiento rojo, cortado en tiras finas
- 3 cebollas verdes, picadas
- 1 cucharada de aceite de oliva
- 2 cucharaditas de jengibre rallado
- ½ cucharadita de romero, seco
- 3 cucharadas de vinagre balsámico

**Direcciones:**
1. Mezcle los pimientos en una ensaladera con las cebollas y otros ingredientes, mezcle, divida en tazas pequeñas y sirva.

**Nutrición:** calorías 160, grasa 6, fibra 3, carbohidratos 10.9, proteína 5.2

# Crema de aguacate

**Tiempo de preparación:** 4 minutos
**Tiempo de cocción:** 0 minutos
**Porciones:** 4

**Ingredientes:**
- 2 cucharadas de eneldo picado
- 1 chalote, picado
- 2 dientes de ajo, picados
- 2 aguacates, pelados, sin hueso y picados
- 1 taza de crema de coco
- 2 cucharadas de aceite de oliva
- 2 cucharadas de jugo de lima
- Pimienta negra al gusto

**Direcciones:**
1. Combine los aguacates en una licuadora con chalotes, ajo y otros ingredientes, mezcle bien, divida en tazones pequeños y sirva como refrigerio.

**Nutrición:** calorías 300, grasa 22.3, fibra 6.4, carbohidratos 42, proteína 8.9

# salsa de maiz

**Tiempo de preparación: 30 minutos**
**Tiempo de cocción: 0 minutos**
**Porciones: 4**

**Ingredientes:**
- Una pizca de pimienta de cayena
- una pizca de pimienta negra
- 2 tazas de maíz
- 1 taza de crema de coco
- 2 cucharadas de jugo de limón
- 2 cucharadas de aceite de aguacate

**Direcciones:**
1. Combine el maíz en una licuadora con la crema y otros ingredientes, hierva bien, divida en tazones y sirva como salsa para fiestas.

**Nutrición:** calorías 215, grasa 16.2, fibra 3.8, carbohidratos 18.4, proteína 4

# barras de frijol

**Tiempo de preparación: 2 horas**
**Tiempo de cocción: 0 minutos**
**Porciones: 12**

**Ingredientes:**
- 1 taza de latas de frijoles negros, sin sal, escurridos
- 1 taza de hojuelas de coco, sin azúcar
- 1 taza de mantequilla baja en grasa
- ½ taza de semillas de chía
- ½ taza de crema de coco

**Direcciones:**
1. Mezcle los frijoles en una licuadora con las hojuelas de coco y otros ingredientes, triture bien, extienda esto en un plato cuadrado, presione, refrigere por 2 horas, corte en trozos medianos y sirva.

**Nutrición:** calorías 141, grasa 7, fibra 5, carbohidratos 16.2, proteína 5

# Una mezcla de pepitas de calabaza y chips de manzana

**Tiempo de preparación: 10 minutos**
**Tiempo de cocción: 2 horas**
**Porciones: 4**

**Ingredientes:**
- Spray para cocinar
- 2 cucharaditas de nuez moscada, molida
- 1 taza de semillas de calabaza
- 2 manzanas, sin corazón y en rodajas finas

**Direcciones:**
1. Coloque las semillas de calabaza y los chips de manzana en una bandeja para hornear forrada, espolvoree nuez moscada por todas partes, engrase con un rociador, póngalo en el horno y hornee a 300 grados durante 2 horas.
2. Dividir en tazones y servir como refrigerio.

**Nutrición:** calorías 80, grasa 0, fibra 3, carbohidratos 7, proteína 4

# Dip de tomate y yogur

**Tiempo de preparación:** 5 minutos
**Tiempo de cocción:** 0 minutos
**Porciones:** 4

**Ingredientes:**
- 2 tazas de yogur griego sin grasa
- 1 cucharada de perejil picado
- ¼ taza de tomates enlatados, sin sal, picados
- 2 cucharadas de cebollín picado
- Pimienta negra al gusto

**Direcciones:**
1. Mezcle el yogur con el perejil y otros ingredientes en un tazón, bata bien, divida en tazones pequeños y sirva como salsa para fiestas.

**Nutrición:** Calorías 78, grasa 0, fibra 0.2, carbohidratos 10.6, proteína 8.2

# Cuencos de remolacha y cayena

**Tiempo de preparación: 10 minutos**
**Tiempo de cocción: 35 minutos**
**Porciones: 2**

**Ingredientes:**
- 1 cucharadita de pimienta de cayena
- 2 remolachas, peladas y cortadas en cubitos
- 1 cucharadita de romero, seco
- 1 cucharada de aceite de oliva
- 2 cucharaditas de jugo de lima

**Direcciones:**
1. En una sartén, combine los trozos de remolacha con cayena y otros ingredientes, mezcle, ponga en el horno, hornee a 355 grados durante 35 minutos, divida en tazones pequeños y sirva como refrigerio.

**Nutrición:** calorías 170, grasa 12.2, fibra 7, carbohidratos 15.1, proteína 6

# Tazones De Nueces Y Pacanas

**Tiempo de preparación: 10 minutos**
**Tiempo de cocción: 10 minutos**
**Porciones: 4**

**Ingredientes:**
- 2 tazas de nueces
- 1 taza de nueces, picadas
- 1 cucharadita de aceite de aguacate
- ½ cucharadita de pimentón dulce

**Direcciones:**
1. Extienda las uvas y las nueces en una bandeja para hornear forrada, agregue aceite y pimentón, mezcle y hornee a 400 grados durante 10 minutos.
2. Dividir en tazones y servir como refrigerio.

**Nutrición:** calorías 220, grasa 12,4, fibra 3, carbohidratos 12,9, proteína 5,6

# Muffins de salmón al perejil

**Tiempo de preparación: 10 minutos**
**Tiempo de cocción: 25 minutos**
**Porciones: 4**

**Ingredientes:**
- 1 taza de queso mozzarella bajo en grasa, rallado
- 8 oz de salmón ahumado, sin piel, sin espinas y picado
- 1 taza de harina de almendras
- 1 huevo batido
- 1 cucharadita de perejil, seco
- 1 diente de ajo picado
- Pimienta negra al gusto
- Spray para cocinar

**Direcciones:**
1. En un tazón, combine el salmón con la mozzarella y los demás ingredientes excepto el aceite en aerosol y mezcle bien.
2. Divida esta mezcla en un molde para muffins engrasado con aceite en aerosol, hornee a 375 grados durante 25 minutos y sirva como refrigerio.

**Nutrición:** calorías 273, grasa 17, fibra 3.5, carbohidratos 6.9, proteína 21.8

# pelotas de calabaza

**Tiempo de preparación:** 10 minutos
**Tiempo de cocción:** 20 minutos
**Porciones:** 8

Ingredientes:
- Un chorrito de aceite de oliva
- 1 calabaza grande, pelada y molida
- 2 cucharadas de cilantro picado
- 2 huevos batidos
- ½ taza de harina de trigo integral
- Pimienta negra al gusto
- 2 chalotes, picados
- 2 dientes de ajo, picados

Direcciones:
1. En un recipiente, mezcle la calabaza con el cilantro y los demás ingredientes excepto el aceite, mezcle bien y forme bolitas medianas con esta mezcla.
2. Colóquelos en una bandeja para hornear forrada, cepille con aceite, hornee a 400 grados durante 10 minutos por cada lado, divídalos en tazones y sirva.

**Nutrición:** Calorías 78, grasa 3, fibra 0,9, carbohidratos 10,8, proteína 2,7

# Tazones de cebolla perla con queso

**Tiempo de preparación: 10 minutos**
**Tiempo de cocción: 30 minutos**
**Porciones: 8**

**Ingredientes:**
- 20 cebollas perla blancas, peladas
- 3 cucharadas de perejil picado
- 1 cucharada de cebollín picado
- Pimienta negra al gusto
- 1 taza de queso mozzarella bajo en grasa rallado
- 1 cucharada de aceite de oliva

**Direcciones:**
1. Extienda las cebollas perla en una bandeja para hornear forrada, agregue aceite, perejil, cebollino y pimienta negra y mezcle.
2. Espolvorea mozzarella encima, hornea a 390 grados durante 30 minutos, divide en tazones y sirve como refrigerio frío.

**Nutrición:** calorías 136, grasa 2.7, fibra 6, carbohidratos 25.9, proteína 4.1

# Palitos de brócoli

**Tiempo de preparación: 10 minutos**
**Tiempo de cocción: 25 minutos**
**Porciones: 8**

**Ingredientes:**
- 1 kilo de floretes de brócoli, picados
- ½ taza de queso mozzarella bajo en grasa, rallado
- 2 huevos batidos
- 1 cucharadita de orégano, seco
- 1 cucharadita de albahaca, seca
- Pimienta negra al gusto

**Direcciones:**
1. Mezclar en un bol el brócoli con el queso y los demás ingredientes, mezclar bien, esparcir en un molde rectangular y presionar bien.
2. Llevar al horno a 380 grados, hornear por 25 minutos, cortar en barras y servir frío.

**Nutrición:** calorías 46, grasa 1.3, fibra 1.8, carbohidratos 4.2, proteína 5

# Salsa de piña y tomate

**Tiempo de preparación: 10 minutos**
**Tiempo de cocción: 40 minutos**
**Porciones: 4**

**Ingredientes:**
- 20 oz de piña enlatada, escurrida y cortada en cubitos
- 1 taza de tomates secados al sol, cortados en cubitos
- 1 cucharada de albahaca picada
- 1 cucharada de aceite de aguacate
- 1 cucharadita de jugo de lima
- 1 taza de aceitunas negras, sin hueso y rebanadas
- Pimienta negra al gusto

**Direcciones:**
1. Combine los cubos de piña con tomates y otros ingredientes en un tazón, mezcle, divida en tazas más pequeñas y sirva como refrigerio.

**Nutrición:** Calorías 125, grasa 4.3, fibra 3.8, carbohidratos 23.6, proteína 1.5

# Mix de pavo y alcachofas

**Tiempo de preparación:** 5 minutos
**Tiempo de cocción:** 25 minutos
**Porciones:** 4

**Ingredientes:**
- 2 cucharadas de aceite de oliva
- 1 pechuga de pavo, sin piel, sin huesos y en rodajas
- una pizca de pimienta negra
- 1 cucharada de albahaca picada
- 3 dientes de ajo, picados
- 14 onzas de alcachofas enlatadas, sin sal, picadas
- 1 taza de crema de coco
- ¾ taza de queso mozzarella bajo en grasa rallado

**Direcciones:**
1. Caliente la sartén con aceite a fuego medio, agregue la carne, el ajo y la pimienta negra, mezcle y cocine por 5 minutos.
2. Agregue el resto de los ingredientes excepto el queso, mezcle y cocine a fuego medio durante 15 minutos.
3. Espolvoree con queso, cocine todo por otros 5 minutos, divida en platos y sirva.

**Nutrición:** calorías 300, grasa 22,2, fibra 7,2, carbohidratos 16,5, proteína 13,6

# Mezcla de pavo al orégano

**Tiempo de preparación:** 10 minutos
**Tiempo de cocción:** 30 minutos
**Porciones:** 4

**Ingredientes:**
- 2 cucharadas de aceite de aguacate
- 1 cebolla roja, picada
- 2 dientes de ajo, picados
- una pizca de pimienta negra
- 1 cucharada de orégano picado
- 1 pechuga de pavo grande, sin piel, sin huesos y en cubos
- 1 y ½ tazas de caldo de res bajo en sodio
- 1 cucharada de cebollín picado

**Direcciones:**
1. Calentar la sartén en aceite a fuego medio, agregar la cebolla, mezclar y saltear por 3 minutos.
2. Agregue el ajo y la carne, revuelva y cocine por otros 3 minutos.
3. Agregue el resto de los ingredientes, mezcle, cocine todo a fuego medio durante 25 minutos, reparta en platos y sirva.

**Nutrición:** calorías 76, grasa 2.1, fibra 1.7, carbohidratos 6.4, proteína 8.3

# pollo naranja

**Tiempo de preparación: 10 minutos**
**Tiempo de cocción: 35 minutos**
**Porciones: 4**

**Ingredientes:**
- 1 cucharada de aceite de aguacate
- 1 kilo de pechuga de pollo, sin piel, sin hueso y partida por la mitad
- 2 dientes de ajo, picados
- 2 chalotes, picados
- ½ taza de jugo de naranja
- 1 cucharada de cáscara de naranja, rallada
- 3 cucharadas de vinagre balsámico
- 1 cucharadita de romero picado

**Direcciones:**
1. Caliente una sartén con aceite a fuego medio, agregue los chalotes y el ajo, mezcle y saltee durante 2 minutos.
2. Agregue la carne, revuelva suavemente y cocine por otros 3 minutos.
3. Agregue el resto de los ingredientes, mezcle, meta la fuente en el horno y hornee a 340 grados durante 30 minutos.
4. Dividir en platos y servir.

**Nutrición:** calorías 159, grasa 3.4, fibra 0.5, carbohidratos 5.4, proteína 24.6

# Pavo al ajillo y champiñones

**Tiempo de preparación:** 10 minutos
**Tiempo de cocción:** 40 minutos
**Porciones:** 4

**Ingredientes:**
- 1 pechuga de pavo, sin hueso, sin piel y en cubos
- ½ kilo de champiñones blancos, partidos por la mitad
- 1/3 taza de harina de coco
- 2 dientes de ajo, picados
- 2 cucharadas de aceite de oliva
- una pizca de pimienta negra
- 2 cebollas verdes, picadas
- 3 cucharadas de salsa de ajo
- 1 cucharada de romero picado

**Direcciones:**
1. Caliente la sartén en aceite a fuego medio, agregue las cebollas verdes, la salsa de ajo y el ajo y saltee durante 5 minutos.
2. Añadir la carne y freír durante otros 5 minutos.
3. Agrega el resto de los ingredientes, mete al horno y hornea a 390 grados por 30 minutos.
4. Repartir la mezcla entre platos y servir.

**Nutrición:** calorías 154, grasa 8.1, fibra 1.5, carbohidratos 11.5, proteína 9.8

# Pan de pollo y aceitunas

**Tiempo de preparación:** 10 minutos
**Tiempo de cocción:** 25 minutos
**Porciones:** 4

**Ingredientes:**
- 1 kilo de pechuga de pollo, sin piel, sin hueso y cortada en cubitos
- una pizca de pimienta negra
- 1 cucharada de aceite de aguacate
- 1 cebolla roja, picada
- 1 taza de leche de coco
- 1 cucharada de jugo de limón
- 1 taza de aceitunas kalamata, sin hueso y en rodajas
- ¼ taza de cilantro picado

**Direcciones:**
1. Caliente una sartén en aceite a fuego medio, agregue la cebolla y la carne y dore por 5 minutos.
2. Agregue el resto de los ingredientes, mezcle, lleve a ebullición y cocine a fuego medio durante otros 20 minutos.
3. Dividir en platos y servir.

**Nutrición:** calorías 409, grasa 26,8, fibra 3,2, carbohidratos 8,3, proteína 34,9

# Mezcla balsámica de pavo y melocotón

**Tiempo de preparación:** 10 minutos
**Tiempo de cocción:** 25 minutos
**Porciones:** 4

**Ingredientes:**
- 1 cucharada de aceite de aguacate
- 1 pechuga de pavo, sin piel, sin huesos y en rodajas
- una pizca de pimienta negra
- 1 cebolla amarilla, picada
- 4 duraznos, sin hueso y en rodajas
- ¼ taza de vinagre balsámico
- 2 cucharadas de cebollín picado

**Direcciones:**
1. Calienta la sartén con aceite a fuego medio, agrega la carne y la cebolla, revuelve y dora por 5 minutos.
2. Agregue el resto de los ingredientes excepto el cebollín, mezcle suavemente y hornee a 390 grados durante 20 minutos.
3. Dividir todo en platos y servir con cebollino espolvoreado por encima.

**Nutrición:** calorías 123, grasa 1.6, fibra 3.3, carbohidratos 18.8, proteína 9.1

# Pollo al coco y espinacas

**Tiempo de preparación: 10 minutos**
**Tiempo de cocción: 25 minutos**
**Porciones: 4**

**Ingredientes:**
- 1 cucharada de aceite de aguacate
- 1 kilo de pechuga de pollo, sin piel, sin hueso y en cubos
- ½ cucharadita de albahaca, seca
- una pizca de pimienta negra
- ¼ taza de caldo de verduras bajo en sodio
- 2 tazas de espinacas tiernas
- 2 chalotes, picados
- 2 dientes de ajo, picados
- ½ cucharadita de pimentón dulce
- 2/3 dl de crema de coco
- 2 cucharadas de cilantro picado

**Direcciones:**
1. Calienta la sartén con aceite a fuego medio, agrega la carne, la albahaca, la pimienta negra y dora por 5 minutos.
2. Agregue la chalota y el ajo y cocine por otros 5 minutos.
3. Agregue el resto de los ingredientes, mezcle, lleve a ebullición y cocine a fuego medio durante otros 15 minutos.
4. Repartir en platos y servir caliente.

**Nutrición:** calorías 237, grasa 12,9, fibra 1,6, carbohidratos 4,7, proteína 25,8

# Una mezcla de pollo y espárragos

**Tiempo de preparación:** 10 minutos
**Tiempo de cocción:** 25 minutos
**Porciones:** 4

**Ingredientes:**
- 2 pechugas de pollo, sin piel, sin hueso y cortadas en cubitos
- 2 cucharadas de aceite de aguacate
- 2 cebolletas, picadas
- 1 manojo de espárragos, cortados y partidos por la mitad
- ½ cucharadita de pimentón dulce
- una pizca de pimienta negra
- 14 onzas de tomates enlatados, sin sal, escurridos y picados

**Direcciones:**
1. Calentar la sartén con aceite a fuego medio, agregar la carne y las cebolletas, mezclar y cocinar por 5 minutos.
2. Agregue los espárragos y los demás ingredientes, mezcle, tape la sartén y cocine a fuego medio durante 20 minutos.
3. Repartir todo en platos y servir.

**Nutrición:** calorías 171, grasa 6.4, fibra 2.6, carbohidratos 6.4, proteína 22.2

# Pavo y Brócoli Cremoso

**Tiempo de preparación:** 10 minutos
**Tiempo de cocción:** 25 minutos
**Porciones:** 4

**Ingredientes:**
- 1 cucharada de aceite de oliva
- 1 pechuga de pavo grande, sin piel, sin huesos y en cubos
- 2 tazas de floretes de brócoli
- 2 chalotes, picados
- 2 dientes de ajo, picados
- 1 cucharada de albahaca picada
- 1 cucharada de cilantro picado
- ½ taza de crema de coco

**Direcciones:**
1. Caliente la sartén con aceite a fuego medio, agregue la carne, los chalotes y el ajo, revuelva y dore por 5 minutos.
2. Agregue el brócoli y los demás ingredientes, mezcle todo, cocine por 20 minutos a fuego medio, divida en platos y sirva.

**Nutrición:** calorías 165, grasa 11.5, fibra 2.1, carbohidratos 7.9, proteína 9.6

# Una mezcla de pollo y judías verdes con eneldo

**Tiempo de preparación:** 10 minutos
**Tiempo de cocción:** 25 minutos
**Porciones:** 4

**Ingredientes:**
- 2 cucharadas de aceite de oliva
- 10 onzas de judías verdes, cortadas y cortadas por la mitad
- 1 cebolla amarilla, picada
- 1 cucharada de eneldo, picado
- 2 pechugas de pollo, sin piel, sin hueso y partidas a la mitad
- 2 tazas de salsa de tomate, sin sal
- ½ cucharadita de hojuelas de pimentón, trituradas

**Direcciones:**
1. Caliente una sartén con aceite a fuego medio, agregue la cebolla y la carne y dore durante 2 minutos por cada lado.
2. Agregue las judías verdes y los demás ingredientes, mezcle, meta al horno y hornee a 380 grados durante 20 minutos.
3. Repartir en platos y servir inmediatamente.

**Nutrición:** calorías 391, grasa 17,8, fibra 5, carbohidratos 14,8, proteína 43,9

# Calabaza de pollo y chile

**Tiempo de preparación: 5 minutos**
**Tiempo de cocción: 25 minutos**
**Porciones: 4**

**Ingredientes:**
- 1 kilo de pechuga de pollo, sin piel, sin hueso y en cubos
- 1 taza de caldo de pollo bajo en sodio
- 2 calabacines, cortados en cubitos
- 1 cucharada de aceite de oliva
- 1 taza de tomates enlatados, sin sal, picados
- 1 cebolla amarilla, picada
- 1 cucharadita de chile en polvo
- 1 cucharada de cilantro picado

**Direcciones:**
1. Calienta la sartén con aceite a fuego medio, agrega la carne y la cebolla, revuelve y dora por 5 minutos.
2. Agregue el calabacín y otros ingredientes, revuelva suavemente, reduzca el fuego a medio y cocine por 20 minutos.
3. Repartir todo en platos y servir.

**Nutrición:** calorías 284, grasa 12.3, fibra 2.4, carbohidratos 8, proteína 35

# Una mezcla de aguacate y pollo.

**Tiempo de preparación:** 10 minutos
**Tiempo de cocción:** 20 minutos
**Porciones:** 4

**Ingredientes:**
- 2 pechugas de pollo, sin piel, sin hueso y partidas a la mitad
- Jugo de ½ limón
- 2 cucharadas de aceite de oliva
- 2 dientes de ajo, picados
- ½ taza de caldo de verduras bajo en sodio
- 1 aguacate, pelado, sin hueso y en rodajas
- una pizca de pimienta negra

**Direcciones:**
1. Caliente una sartén con aceite a fuego medio, agregue el ajo y la carne y dore durante 2 minutos por cada lado.
2. Agregue jugo de limón y otros ingredientes, hierva y cocine a fuego medio durante 15 minutos.
3. Repartir toda la mezcla en platos y servir.

**Nutrición:** calorías 436, grasa 27.3, fibra 3.6, carbohidratos 5.6, proteína 41.8

# Pavo y Bok Choy

**Tiempo de preparación:** 10 minutos
**Tiempo de cocción:** 20 minutos
**Porciones:** 4

**Ingredientes:**
- 1 pechuga de pavo, sin hueso, sin piel y cortada en cubitos
- 2 cebollas, picadas
- 1 libra de bok choy, desgarrado
- 2 cucharadas de aceite de oliva
- ½ cucharadita de jengibre, rallado
- una pizca de pimienta negra
- ½ taza de caldo de verduras bajo en sodio

**Direcciones:**
1. Calienta una olla con aceite a fuego medio, agrega las cebollas y el jengibre y saltea por 2 minutos.
2. Agregue la carne y dore por otros 5 minutos.
3. Agregue el resto de los ingredientes, mezcle, cocine a fuego lento durante otros 13 minutos, divida en platos y sirva.

**Nutrición:** calorías 125, grasa 8, fibra 1.7, carbohidratos 5.5, proteína 9.3

# Mezcla de pollo con cebolla roja

**Tiempo de preparación: 10 minutos**
**Tiempo de cocción: 25 minutos**
**Porciones: 4**

**Ingredientes:**
- 2 pechugas de pollo, sin piel, sin huesos y cortadas en cubitos
- 3 cebollas rojas, en rodajas
- 2 cucharadas de aceite de oliva
- 1 taza de caldo de verduras bajo en sodio
- una pizca de pimienta negra
- 1 cucharada de cilantro picado
- 1 cucharada de cebollín picado

**Direcciones:**
1. Caliente la sartén en aceite a fuego medio, agregue las cebollas y una pizca de pimienta negra y fría durante 10 minutos, revolviendo con frecuencia.
2. Agregue el pollo y cocine por otros 3 minutos.
3. Agregue el resto de los ingredientes, lleve a ebullición y cocine a fuego medio durante otros 12 minutos.
4. Divida la mezcla de pollo y cebolla entre los platos y sirva.

**Nutrición**: calorías 364, grasa 17,5, fibra 2,1, carbohidratos 8,8, proteína 41,7

# Pavo caliente y arroz

**Tiempo de preparación: 10 minutos**
**Tiempo de cocción: 42 minutos**
**Porciones: 4**

**Ingredientes:**
- 1 pechuga de pavo, sin piel, sin huesos y en cubos
- 1 taza de arroz blanco
- 2 tazas de caldo de verduras bajo en sodio
- 1 cucharadita de pimentón picante
- 2 chiles serranos pequeños, picados
- 2 dientes de ajo, picados
- 2 cucharadas de aceite de oliva
- ½ pimiento rojo picado
- una pizca de pimienta negra

**Direcciones:**
1. Caliente la sartén en aceite a fuego medio, agregue los chiles serranos y el ajo y saltee por 2 minutos.
2. Agregar la carne y dorar por 5 minutos.
3. Agrega el arroz y otros ingredientes, lleva a ebullición y cocina a fuego medio durante 35 minutos.
4. Mezclar, dividir en platos y servir.

**Nutrición**: calorías 271, grasa 7.7, fibra 1.7, carbohidratos 42, proteína 7.8

# Limón puerro y pollo

**Tiempo de preparación: 10 minutos**
**Tiempo de cocción: 40 minutos**
**Porciones: 4**

**Ingredientes:**
- 1 kilo de pechuga de pollo, sin piel, sin hueso y en cubos
- una pizca de pimienta negra
- 2 cucharadas de aceite de aguacate
- 1 cucharada de salsa de tomate, sin sal
- 1 taza de caldo de verduras bajo en sodio
- 4 puerros, picados toscamente
- ½ taza de jugo de limón

**Direcciones:**
1. Calentar la sartén en aceite a fuego medio, agregar el puerro, mezclar y saltear por 10 minutos.
2. Agregue el pollo y los demás ingredientes, mezcle, cocine a fuego medio durante otros 20 minutos, divida en platos y sirva.

**Nutrición**: calorías 199, grasa 13,3, fibra 5, carbohidratos 7,6, proteína 17,4

# Pavo con mezcla de col rizada

**Tiempo de preparación:** 10 minutos
**Tiempo de cocción:** 35 minutos
**Porciones:** 4

**Ingredientes:**
- 1 pechuga de pavo grande, sin piel, sin huesos y en cubos
- 1 taza de caldo de pollo bajo en sodio
- 1 cucharada de aceite de coco, derretido
- 1 col rizada, picada
- 1 cucharadita de chile en polvo
- 1 cucharadita de pimentón dulce
- 1 diente de ajo picado
- 1 cebolla amarilla, picada
- Una pizca de sal y pimienta negra

**Direcciones:**
1. Calentar la sartén en aceite a fuego medio, agregar la carne y dorar por 5 minutos.
2. Agregue el ajo y la cebolla, revuelva y saltee por otros 5 minutos.
3. Agregue el repollo y otros ingredientes, mezcle, hierva y cocine a fuego medio durante 25 minutos.
4. Repartir todo en platos y servir.

**Nutrición:** calorías 299, grasa 14.5, fibra 5, carbohidratos 8.8, proteína 12.6

# Pollo con pimentón y cebolla

**Tiempo de preparación:** 10 minutos
**Tiempo de cocción:** 30 minutos
**Porciones:** 4

**Ingredientes:**
- 1 kilo de pechuga de pollo, sin piel, sin hueso y rebanada
- 4 cebollas, picadas
- 1 cucharada de aceite de oliva
- 1 cucharada de pimentón dulce
- 1 taza de caldo de pollo bajo en sodio
- 1 cucharada de jengibre, rallado
- 1 cucharadita de orégano, seco
- 1 cucharadita de comino, molido
- 1 cucharadita de pimienta de Jamaica, molida
- ½ taza de cilantro picado
- una pizca de pimienta negra

**Direcciones:**
1. Caliente una sartén en aceite a fuego medio, agregue el ajo y la carne y dore por 5 minutos.
2. Agrega el resto de los ingredientes, mezcla, mete al horno y hornea a 390 grados por 25 minutos.
3. Divida la mezcla de pollo y cebolla en platos y sirva.

**Nutrición:** calorías 295, grasa 12.5, fibra 6.9, carbohidratos 22.4, proteína 15.6

# Salsa de pollo con mostaza

**Tiempo de preparación: 10 minutos**
**Tiempo de cocción: 35 minutos**
**Porciones: 4**

**Ingredientes:**
- 1 kilo de muslos de pollo, deshuesados y sin piel
- 1 cucharada de aceite de aguacate
- 2 cucharadas de mostaza
- 1 chalote, picado
- 1 taza de caldo de pollo bajo en sodio
- Una pizca de sal y pimienta negra
- 3 dientes de ajo, picados
- ½ cucharadita de albahaca, seca

**Direcciones:**
1. Caliente una sartén con aceite a fuego medio, agregue la chalota, el ajo y el pollo y dore todo durante 5 minutos.
2. Agregue la mostaza y los demás ingredientes, mezcle suavemente, lleve a ebullición y cocine a fuego medio durante 30 minutos.
3. Repartir todo en platos y servir caliente.

**Nutrición:** Calorías 299, grasa 15,5, fibra 6,6, carbohidratos 30,3, proteína 12,5

# Una mezcla de pollo y apio.

**Tiempo de preparación: 10 minutos**
**Tiempo de cocción: 35 minutos**
**Porciones: 4**

Ingredientes:
- una pizca de pimienta negra
- 2 kilos de pechuga de pollo, sin piel, sin hueso y en cubos
- 2 cucharadas de aceite de oliva
- 1 taza de apio, picado
- 3 dientes de ajo, picados
- 1 chile poblano, picado
- 1 taza de caldo de verduras bajo en sodio
- 1 cucharadita de chile en polvo
- 2 cucharadas de cebollín picado

Direcciones:
1. Calienta una sartén con aceite a fuego medio, agrega el ajo, el apio y el chile poblano, revuelve y cocina por 5 minutos.
2. Agregue la carne, revuelva y cocine por otros 5 minutos.
3. Agregue el resto de los ingredientes excepto las cebolletas, lleve a ebullición y cocine a fuego medio durante otros 25 minutos.
4. Repartir toda la mezcla entre platos y servir con cebollino.

**Nutrición:** calorías 305, grasa 18, fibra 13.4, carbohidratos 22.5, proteína 6

# Pavo a la lima con patatas baby

**Tiempo de preparación:** 10 minutos
**Tiempo de cocción:** 40 minutos
**Porciones:** 4

**Ingredientes:**
- 1 pechuga de pavo, sin piel, sin huesos y en rodajas
- 2 cucharadas de aceite de oliva
- 1 kilo de papas baby, peladas y partidas por la mitad
- 1 cucharada de pimentón dulce
- 1 cebolla amarilla, picada
- 1 cucharadita de chile en polvo
- 1 cucharadita de romero, seco
- 2 tazas de caldo de pollo bajo en sodio
- una pizca de pimienta negra
- Ralladura de 1 lima, rallada
- 1 cucharada de jugo de lima
- 1 cucharada de cilantro picado

**Direcciones:**
1. Caliente una sartén en aceite a fuego medio, agregue la cebolla, el chile en polvo y el romero, mezcle y saltee por 5 minutos.
2. Agregue la carne y dore por otros 5 minutos.
3. Agregue las papas y otros ingredientes excepto el cilantro, mezcle suavemente, hierva y cocine a fuego medio durante 30 minutos.
4. Divida la mezcla entre platos y sirva, espolvoreando cilantro por encima.

**Nutrición:** calorías 345, grasa 22,2, fibra 12,3, carbohidratos 34,5, proteína 16,4

# Pollo con hojas de mostaza

Tiempo de preparación: 10 minutos
Tiempo de cocción: 25 minutos
Porciones: 4

Ingredientes:
- 2 pechugas de pollo, sin piel, sin hueso y cortadas en cubitos
- 3 tazas de hojas de mostaza
- 1 taza de tomates enlatados, sin sal, picados
- 1 cebolla roja, picada
- 2 cucharadas de aceite de aguacate
- 1 cucharadita de orégano, seco
- 2 dientes de ajo, picados
- 1 cucharada de cebollín picado
- 1 cucharada de vinagre balsámico
- una pizca de pimienta negra

Direcciones:
1. Caliente una sartén en aceite a fuego medio, agregue la cebolla y el ajo y saltee durante 5 minutos.
2. Añadir la carne y freír durante otros 5 minutos.
3. Agregue las verduras, los tomates y otros ingredientes, mezcle, cocine por 20 minutos a fuego medio, reparta en platos y sirva.

Nutrición: calorías 290, grasa 12,3, fibra 6,7, carbohidratos 22,30, proteína 14,3

# pollo frito y manzanas

**Tiempo de preparación:** 10 minutos
**Tiempo de cocción:** 50 minutos
**Porciones:** 4

**Ingredientes:**
- 2 kilos de muslos de pollo, deshuesados y sin piel
- 2 cucharadas de aceite de oliva
- 2 cebollas rojas, en rodajas
- una pizca de pimienta negra
- 1 cucharadita de tomillo, seco
- 1 cucharadita de albahaca, seca
- 1 taza de manzanas verdes, sin corazón y cortadas en cubitos
- 2 dientes de ajo, picados
- 2 tazas de caldo de pollo bajo en sodio
- 1 cucharada de jugo de limón
- 1 taza de tomates cortados en cubitos
- 1 cucharada de cilantro picado

**Direcciones:**
1. Caliente la sartén en aceite a fuego medio, agregue las cebollas y el ajo y saltee durante 5 minutos.
2. Agregue el pollo y dore por otros 5 minutos.
3. Agregue el tomillo, la albahaca y otros ingredientes, mezcle suavemente, póngalo en el horno y hornee a 390 grados durante 40 minutos.
4. Divida la mezcla de pollo y manzana entre los platos y sirva.

**Nutrición:** calorías 290, grasa 12.3, fibra 4, carbohidratos 15.7, proteína 10

# pollo al chipotle

**Tiempo de preparación: 10 minutos**
**Tiempo de cocción: 1 hora**
**Porciones: 6**

**Ingredientes:**
- 2 kilos de muslos de pollo, deshuesados y sin piel
- 1 cebolla amarilla, picada
- 2 cucharadas de aceite de oliva
- 3 dientes de ajo, picados
- 1 cucharada de semillas de cilantro, molidas
- 1 cucharadita de comino, molido
- 1 taza de caldo de pollo bajo en sodio
- 4 cucharadas de pasta de chile chipotle
- una pizca de pimienta negra
- 1 cucharada de cilantro picado

**Direcciones:**
1. Caliente una sartén con aceite a fuego medio, agregue la cebolla y el ajo y saltee durante 5 minutos.
2. Agregue la carne y dore por otros 5 minutos.
3. Agregue los ingredientes restantes, mezcle, ponga todo en el horno y hornee a 390 grados durante 50 minutos.
4. Repartir toda la mezcla en platos y servir.

**Nutrición:** calorías 280, grasa 12.1, fibra 6.3, carbohidratos 15.7, proteína 12

# pavo de hierbas

**Tiempo de preparación:** 10 minutos
**Tiempo de cocción:** 35 minutos
**Porciones:** 4

**Ingredientes:**
- 1 pechuga de pavo grande, sin hueso, sin piel y en rodajas
- 1 cucharada de cebollín picado
- 1 cucharada de orégano picado
- 1 cucharada de albahaca picada
- 1 cucharada de cilantro picado
- 2 chalotes, picados
- 2 cucharadas de aceite de oliva
- 1 taza de caldo de pollo bajo en sodio
- 1 taza de tomates cortados en cubitos
- Sal y pimienta negra al gusto

**Direcciones:**
1. Caliente una sartén con aceite a fuego medio, agregue los chalotes y la carne y dore durante 5 minutos.
2. Agregue las cebolletas y otros ingredientes, revuelva, hierva y cocine a fuego medio durante 30 minutos.
3. Repartir la mezcla entre platos y servir.

**Nutrición:** calorías 290, grasa 11.9, fibra 5.5, carbohidratos 16.2, proteína 9

# salsa de pollo y jengibre

**Tiempo de preparación: 10 minutos**
**Tiempo de cocción: 35 minutos**
**Porciones: 4**

**Ingredientes:**
- 1 kilo de pechuga de pollo, sin piel, sin hueso y en cubos
- 1 cucharada de jengibre, rallado
- 1 cucharada de aceite de oliva
- 2 chalotes, picados
- 1 cucharada de vinagre balsámico
- una pizca de pimienta negra
- ¾ taza de caldo de pollo bajo en sodio
- 1 cucharada de albahaca picada

**Direcciones:**
1. Caliente la sartén en aceite a fuego medio, agregue los chalotes y el jengibre, mezcle y saltee durante 5 minutos.
2. Agregue el resto de los ingredientes excepto el pollo, revuelva, hierva y cocine por otros 5 minutos.
3. Agregue el pollo, revuelva, cocine a fuego lento toda la mezcla durante 25 minutos, divida en platos y sirva.

**Nutrición:** calorías 294, grasa 15.5, fibra 3, carbohidratos 15.4, proteína 13.1

# pollo y maíz

**Tiempo de preparación:** 10 minutos
**Tiempo de cocción:** 35 minutos
**Porciones:** 4

**Ingredientes:**
- 2 kilos de pechuga de pollo, sin piel, sin hueso y partida por la mitad
- 2 tazas de maíz
- 2 cucharadas de aceite de aguacate
- una pizca de pimienta negra
- 1 cucharadita de pimentón ahumado
- 1 manojo de cebolla verde, picada
- 1 taza de caldo de pollo bajo en sodio

**Direcciones:**
1. Caliente la sartén en aceite a fuego medio, agregue las cebollas verdes, mezcle y saltee durante 5 minutos.
2. Agregue el pollo y dore por otros 5 minutos.
3. Agrega el maíz y los demás ingredientes, mezcla, mete la cacerola al horno y cocina a 390 grados por 25 minutos.
4. Repartir la mezcla entre platos y servir.

**Nutrición:** calorías 270, grasa 12.4, fibra 5.2, carbohidratos 12, proteína 9

# Pavo al Curry y Quinoa

**Tiempo de preparación: 10 minutos**
**Tiempo de cocción: 40 minutos**
**Porciones: 4**

**Ingredientes:**
- 1 kilo de pechuga de pavo, sin piel, sin hueso y cortada en cubitos
- 1 cucharada de aceite de oliva
- 1 taza de quinua
- 2 tazas de caldo de pollo bajo en sodio
- 1 cucharada de jugo de lima
- 1 cucharada de perejil picado
- una pizca de pimienta negra
- 1 cucharada de pasta de curry rojo

**Direcciones:**
1. Calentar la sartén en aceite a fuego medio, agregar la carne y dorar por 5 minutos.
2. Agregue la quínoa y los demás ingredientes, mezcle, lleve a ebullición y cocine a fuego medio durante 35 minutos.
3. Repartir todo en platos y servir.

**Nutrición:** calorías 310, grasa 8.5, fibra 11, carbohidratos 30.4, proteína 16.3

# Chirivías de pavo y comino

**Tiempo de preparación:** 10 minutos
**Tiempo de cocción:** 40 minutos
**Porciones:** 4

**Ingredientes:**
- 1 kilo de pechuga de pavo, sin piel, sin hueso y cortada en cubitos
- 2 chirivías, peladas y cortadas en cubitos
- 2 cucharaditas de comino, molido
- 1 cucharada de perejil picado
- 2 cucharadas de aceite de aguacate
- 2 chalotes, picados
- 1 taza de caldo de pollo bajo en sodio
- 4 dientes de ajo, picados
- una pizca de pimienta negra

**Direcciones:**
1. Caliente una sartén con aceite a fuego medio, agregue los chalotes y el ajo y saltee durante 5 minutos.
2. Agregue el pavo, revuelva y cocine por otros 5 minutos.
3. Agregue la chirivía y otros ingredientes, revuelva, cocine a fuego medio durante otros 30 minutos, divida entre platos y sirva.

**Nutrición:** calorías 284, grasa 18.2, fibra 4, carbohidratos 16.7, proteína 12.3

# Garbanzos de pavo y cilantro

**Tiempo de preparación: 10 minutos**
**Tiempo de cocción: 40 minutos**
**Porciones: 4**

**Ingredientes:**
- 1 taza de guisantes enlatados, sin sal, escurridos
- 1 taza de caldo de pollo bajo en sodio
- 1 kilo de pechuga de pavo, sin piel, sin hueso y cortada en cubitos
- una pizca de pimienta negra
- 1 cucharadita de orégano, seco
- 1 cucharadita de nuez moscada, molida
- 2 cucharadas de aceite de oliva
- 1 cebolla amarilla, picada
- 1 pimiento verde, picado
- 1 taza de cilantro, picado

**Direcciones:**
1. Caliente la sartén en aceite a fuego medio, agregue la cebolla, el pimentón y la carne y cocine por 10 minutos, revolviendo con frecuencia.
2. Agregue el resto de los ingredientes, mezcle, lleve a ebullición y cocine a fuego medio durante 30 minutos.
3. Repartir la mezcla entre platos y servir.

**Nutrición:** calorías 304, grasa 11.2, fibra 4.5, carbohidratos 22.2, proteína 17

# Pavo y lentejas al curry

**Tiempo de preparación:** 10 minutos
**Tiempo de cocción:** 40 minutos
**Porciones:** 4

### Ingredientes:
- 2 kilos de pechuga de pavo, sin piel, sin hueso y cortada en cubitos
- 1 taza de lentejas enlatadas, sin sal, escurridas y enjuagadas
- 1 cucharada de pasta de curry verde
- 1 cucharadita de garam masala
- 2 cucharadas de aceite de oliva
- 1 cebolla amarilla, picada
- 1 diente de ajo picado
- una pizca de pimienta negra
- 1 cucharada de cilantro picado

### Direcciones:
1. Caliente una sartén con aceite a fuego medio, agregue la cebolla, el ajo y la carne y dore durante 5 minutos, revolviendo con frecuencia.
2. Agregue las lentejas y otros ingredientes, lleve a ebullición y cocine a fuego medio durante 35 minutos.
3. Repartir la mezcla entre platos y servir.

**Nutrición:** calorías 489, grasa 12.1, fibra 16.4, carbohidratos 42.4, proteína 51.5

# Pavo con frijoles y aceitunas

**Tiempo de preparación:** 10 minutos
**Tiempo de cocción:** 35 minutos
**Porciones:** 4

**Ingredientes:**
- 1 taza de frijoles negros, agregados y escurridos sin sal
- 1 taza de aceitunas verdes, sin hueso y partidas por la mitad
- 1 libra de pechuga de pavo, sin piel, sin huesos y en rodajas
- 1 cucharada de cilantro picado
- 1 taza de salsa de tomate, sin sal
- 1 cucharada de aceite de oliva

**Direcciones:**
1. Lubrique la fuente para hornear con aceite, coloque las rebanadas de pavo dentro, agregue los demás ingredientes, meta al horno y hornee a 380 grados durante 35 minutos.
2. Dividir en platos y servir.

**Nutrición:** calorías 331, grasa 6.4, fibra 9, carbohidratos 38.5, proteína 30.7

# quinoa con pollo y tomate

**Tiempo de preparación: 10 minutos**
**Tiempo de cocción: 35 minutos**
**Porciones: 8**

**Ingredientes:**
- 1 cucharada de aceite de oliva
- 2 kilos de pechuga de pollo, sin piel, sin hueso y partida por la mitad
- 1 cucharadita de romero, molido
- Una pizca de sal y pimienta negra
- 2 chalotes, picados
- 1 cucharada de aceite de oliva
- 3 cucharadas de salsa de tomate baja en sodio
- 2 tazas de quinua, ya cocida

**Direcciones:**
1. Caliente la sartén en aceite a fuego medio, agregue la carne y los chalotes y dore durante 2 minutos por cada lado.
2. Agregue el romero y los demás ingredientes, mezcle, meta al horno y cocine a 370 grados durante 30 minutos.
3. Repartir la mezcla entre platos y servir.

**Nutrición:** calorías 406, grasa 14.5, fibra 3.1, carbohidratos 28.1, proteína 39

# Alitas de pollo con pimienta de Jamaica

**Tiempo de preparación:** 10 minutos
**Tiempo de cocción:** 20 minutos
**Porciones:** 4

**Ingredientes:**
- 2 kilos de alitas de pollo
- 2 cucharaditas de pimienta de Jamaica, molida
- 2 cucharadas de aceite de aguacate
- 5 dientes de ajo, picados
- Pimienta negra al gusto
- 2 cucharadas de cebollín picado

**Direcciones:**
1. En un bol, mezcle las alitas de pollo con la pimienta de Jamaica y los demás ingredientes y mezcle bien.
2. Coloque las alitas de pollo en la sartén y hornee a 400 grados durante 20 minutos.
3. Divide las alitas de pollo en platos y sirve.

**Nutrición:** calorías 449, grasa 17,8, fibra 0,6, carbohidratos 2,4, proteína 66,1

# Pollo y guisantes

**Tiempo de preparación:** 10 minutos
**Tiempo de cocción:** 30 minutos
**Porciones:** 4

**Ingredientes:**
- 2 kilos de pechuga de pollo, sin piel, sin hueso y en cubos
- 2 tazas de guisantes de nieve
- 2 cucharadas de aceite de oliva
- 1 cebolla roja, picada
- 1 taza de salsa de tomate en lata, sin sal
- 2 cucharadas de perejil picado
- una pizca de pimienta negra

**Direcciones:**
1. Caliente una sartén en aceite a fuego medio, agregue la cebolla y la carne y dore por 5 minutos.
2. Agregue los guisantes y otros ingredientes, lleve a ebullición y cocine a fuego medio durante 25 minutos.
3. Repartir la mezcla entre platos y servir.

**Nutrición:** calorías 551, grasa 24.2, fibra 3.8, carbohidratos 11.7, proteína 69.4

# Mezcla de camarones y ananá

**Tiempo de preparación:** 10 minutos
**Tiempo de cocción:** 10 minutos
**Porciones:** 4

**Ingredientes:**
- 1 cucharada de aceite de oliva
- 1 kilo de camarones, pelados y desvenados
- 1 taza de piña, pelada y cortada en cubitos
- Jugo de 1 limón
- Un manojo de perejil picado

**Direcciones:**
1. Calienta la sartén con aceite a fuego medio, agrega los camarones y fríe por 3 minutos por cada lado.
2. Agregue el resto de los ingredientes, cocine todo por otros 4 minutos, divida en tazones y sirva.

**Nutrición:** calorías 254, grasa 13.3, fibra 6, carbohidratos 14.9, proteína 11

# Salmón y aceitunas verdes

**Tiempo de preparación:** 10 minutos
**Tiempo de cocción:** 20 minutos
**Porciones:** 4

**Ingredientes:**
- 1 cebolla amarilla, picada
- 1 taza de aceitunas verdes, sin hueso y partidas por la mitad
- 1 cucharadita de chile en polvo
- Pimienta negra al gusto
- 2 cucharadas de aceite de oliva
- ¼ taza de caldo de verduras bajo en sodio
- 4 filetes de salmón, sin piel y sin espinas
- 2 cucharadas de cebollín picado

**Direcciones:**
1. Calentar la sartén en aceite a fuego medio, agregar la cebolla y saltear por 3 minutos.
2. Agregue el salmón y cocine por 5 minutos por cada lado. Agregue el resto de los ingredientes, cocine la mezcla por otros 5 minutos, divida en platos y sirva.

**Nutrición:** Calorías 221, grasa 12,1, fibra 5,4, carbohidratos 8,5, proteína 11,2

# salmón e hinojo

**Tiempo de preparación: 5 minutos**
**Tiempo de cocción: 15 minutos**
**Porciones: 4**

**Ingredientes:**
- 4 filetes de salmón medianos, sin piel y sin espinas
- 1 hinojo, picado
- ½ taza de caldo de verduras bajo en sodio
- 2 cucharadas de aceite de oliva
- Pimienta negra al gusto
- ¼ taza de caldo de verduras bajo en sodio
- 1 cucharada de jugo de limón
- 1 cucharada de cilantro picado

**Direcciones:**
1. Calienta una sartén con aceite a fuego medio, agrega el hinojo y cocina por 3 minutos.
2. Añadir el pescado y freír durante 4 minutos por cada lado.
3. Agregue el resto de los ingredientes, cocine todo por otros 4 minutos, divida en platos y sirva.

**Nutrición:** calorías 252, grasa 9.3, fibra 4.2, carbohidratos 12.3, proteína 9

# Bacalao y espárragos

**Tiempo de preparación: 10 minutos**
**Tiempo de cocción: 14 minutos**
**Porciones: 4**

**Ingredientes:**
- 1 cucharada de aceite de oliva
- 1 cebolla roja, picada
- 1 kilo de filetes de bacalao, sin espinas
- 1 manojo de espárragos, cortados
- Pimienta negra al gusto
- 1 taza de crema de coco
- 1 cucharada de cebollín picado

**Direcciones:**
1. Calienta una sartén con aceite a fuego medio, añade la cebolla y el bacalao y sofríe durante 3 minutos por cada lado.
2. Agregue el resto de los ingredientes, cocine todo por otros 8 minutos, divida en platos y sirva.

**Nutrición:** calorías 254, grasa 12.1, fibra 5.4, carbohidratos 4.2, proteína 13.5

# camarones sazonados

**Tiempo de preparación:** 5 minutos
**Tiempo de cocción:** 8 minutos
**Porciones:** 4

**Ingredientes:**
- 1 cucharadita de ajo en polvo
- 1 cucharadita de pimentón ahumado
- 1 cucharadita de comino, molido
- 1 cucharadita de pimienta de Jamaica, molida
- 2 cucharadas de aceite de oliva
- 2 libras de camarones, pelados y cortados
- 1 cucharada de cebollín picado

**Direcciones:**
1. Calienta una sartén con aceite a fuego medio, agrega los camarones, el ajo en polvo y los demás ingredientes, fríe durante 4 minutos por cada lado, divide en tazones y sirve.

**Nutrición:** calorías 212, grasa 9.6, fibra 5.3, carbohidratos 12.7, proteína 15.4

# Lubina y tomates

**Tiempo de preparación:** 10 minutos
**Tiempo de cocción:** 30 minutos
**Porciones:** 4

**Ingredientes:**
- 2 cucharadas de aceite de oliva
- 2 kilos de filete de corvina, sin piel y sin espinas
- Pimienta negra al gusto
- 2 tazas de tomates cherry, cortados a la mitad
- 1 cucharada de cebollín picado
- 1 cucharada de cáscara de limón, rallada
- ¼ taza de jugo de limón

**Direcciones:**
1. Lubrique la sartén con aceite y coloque el pescado dentro.
2. Agrega los tomates y otros ingredientes, mete la fuente al horno y hornea a 380 grados por 30 minutos.
3. Repartir todo en platos y servir.

**Nutrición:** calorías 272, grasa 6.9, fibra 6.2, carbohidratos 18.4, proteína 9

# camarones y frijoles

**Tiempo de preparación:** 10 minutos
**Tiempo de cocción:** 12 minutos
**Porciones:** 4

**Ingredientes:**
- 1 libra de camarones, pelados y desvenados
- 1 cucharada de aceite de oliva
- Zumo de 1 lima
- 1 taza de latas de frijoles negros, sin sal, escurridos
- 1 chalote, picado
- 1 cucharada de orégano picado
- 2 dientes de ajo, picados
- Pimienta negra al gusto

**Direcciones:**
1. Caliente una sartén con aceite a fuego medio, agregue la chalota y el ajo, revuelva y cocine por 3 minutos.
2. Añadir las gambas y freír durante 2 minutos por cada lado.
3. Agregue los frijoles y otros ingredientes, cocine todo a fuego medio durante otros 5 minutos, divida en tazones y sirva.

**Nutrición:** calorías 253, grasa 11.6, fibra 6, carbohidratos 14.5, proteína 13.5

# Mezcla de camarones y rábano picante

**Tiempo de preparación:** 5 minutos
**Tiempo de cocción:** 8 minutos
**Porciones:** 4

**Ingredientes:**
- 1 kilo de camarones, pelados y desvenados
- 2 chalotes, picados
- 1 cucharada de aceite de oliva
- 1 cucharada de cebollín picado
- 2 cucharaditas de rábano picante preparado
- ¼ taza de crema de coco
- Pimienta negra al gusto

**Direcciones:**
4 Caliente la sartén en aceite a fuego medio, agregue los chalotes y el rábano picante, mezcle y saltee durante 2 minutos.
5 Agregue las gambas y los demás ingredientes, mezcle, cocine por otros 6 minutos, reparta en platos y sirva.

**Nutrición:** calorías 233, grasa 6, fibra 5, carbohidratos 11.9, proteína 5.4

# Ensalada de gambas y estragón

**Tiempo de preparación:** 4 minutos
**Tiempo de cocción:** 0 minutos
**Porciones:** 4

**Ingredientes:**
- 1 kilo de langostinos, cocidos, pelados y troceados
- 1 cucharada de estragón, picado
- 1 cucharada de alcaparras, escurridas
- 2 cucharadas de aceite de oliva
- Pimienta negra al gusto
- 2 tazas de espinacas tiernas
- 1 cucharada de vinagre balsámico
- 1 cebolla roja pequeña, en rodajas
- 2 cucharadas de jugo de limón

**Direcciones:**
4 En un bol, combine las gambas con el estragón y otros ingredientes, mezcle y sirva.

**Nutrición:** calorías 258, grasa 12.4, fibra 6, carbohidratos 6.7, proteína 13.3

# Mezcla de bacalao a la parmesana

**Tiempo de preparación:** 10 minutos
**Tiempo de cocción:** 20 minutos
**Porciones:** 4

**Ingredientes:**
- 4 filetes de bacalao, sin espinas
- ½ taza de queso parmesano bajo en grasa, rallado
- 3 dientes de ajo, picados
- 1 cucharada de aceite de oliva
- 1 cucharada de jugo de limón
- ½ taza de cebolla verde, picada

**Direcciones:**
1. Caliente una sartén en aceite a fuego medio, agregue el ajo y la cebolla verde, mezcle y saltee por 5 minutos.
2. Añadir el pescado y freír durante 4 minutos por cada lado.
3. Agregue jugo de limón, espolvoree con queso parmesano, cocine todo por otros 2 minutos, divida en platos y sirva.

**Nutrición:** calorías 275, grasa 22.1, fibra 5, carbohidratos 18.2, proteína 12

# Mezcla de tilapia y cebolla roja

**Tiempo de preparación:** 10 minutos
**Tiempo de cocción:** 15 minutos
**Porciones:** 4

**Ingredientes:**
- 4 filetes de tilapia, sin hueso
- 2 cucharadas de aceite de oliva
- 1 cucharada de jugo de limón
- 2 cucharaditas de ralladura de limón, rallada
- 2 cebollas rojas, picadas en trozos grandes
- 3 cucharadas de cebollín picado

**Direcciones:**
1. Caliente la sartén en aceite a fuego medio, agregue las cebollas, la cáscara de limón y el jugo de limón, mezcle y saltee por 5 minutos.
2. Agregue el pescado y las cebolletas, fría durante 5 minutos por cada lado, reparta en platos y sirva.

**Nutrición:** calorías 254, grasa 18.2, fibra 5.4, carbohidratos 11.7, proteína 4.5

# Ensalada de trucha

**Tiempo de preparación: 6 minutos**
**Tiempo de cocción: 0 minutos**
**Porciones: 4**

**Ingredientes:**
- 4 onzas de trucha ahumada, sin piel, sin espinas y cortada en cubitos
- 1 cucharada de jugo de lima
- 1/3 taza de yogur sin grasa
- 2 aguacates, pelados, sin hueso y cortados en cubitos
- 3 cucharadas de cebollín picado
- Pimienta negra al gusto
- 1 cucharada de aceite de oliva

**Direcciones:**
1. Combine la trucha en un tazón con los aguacates y otros ingredientes, mezcle y sirva.

**Nutrición:** calorías 244, grasa 9.45, fibra 5.6, carbohidratos 8.5, proteína 15

# Trucha balsámica

**Tiempo de preparación:** 5 minutos
**Tiempo de cocción:** 15 minutos
**Porciones:** 4

**Ingredientes:**
- 3 cucharadas de vinagre balsámico
- 2 cucharadas de aceite de oliva
- 4 filetes de trucha, sin espinas
- 3 cucharadas de perejil picado
- 2 dientes de ajo, picados

**Direcciones:**
1. Calienta la sartén con aceite a fuego medio, agrega la trucha y fríe durante 6 minutos por cada lado.
2. Agregue el resto de los ingredientes, cocine por otros 3 minutos, divida en platos y sirva con la ensalada.

**Nutrición:** calorías 314, grasa 14.3, fibra 8.2, carbohidratos 14.8, proteína 11.2

# salmón al perejil

**Tiempo de preparación:** 5 minutos
**Tiempo de cocción:** 12 minutos
**Porciones:** 4

**Ingredientes:**
- 2 cebolletas, picadas
- 2 cucharaditas de jugo de lima
- 1 cucharada de cebollín picado
- 1 cucharada de aceite de oliva
- 4 filetes de salmón, sin espinas
- Pimienta negra al gusto
- 2 cucharadas de perejil picado

**Direcciones:**
1. Calienta una sartén con aceite a fuego medio, agrega las cebolletas, revuelve y saltea por 2 minutos.
2. Agregue el salmón y otros ingredientes, fría durante 5 minutos por cada lado, reparta en platos y sirva.

**Nutrición:** Calorías 290, grasa 14,4, fibra 5,6, carbohidratos 15,6, proteína 9,5

# Ensalada de trucha y verduras

**Tiempo de preparación:** 5 minutos
**Tiempo de cocción:** 0 minutos
**Porciones:** 4

**Ingredientes:**
- 2 cucharadas de aceite de oliva
- ½ taza de aceitunas kalamata, sin hueso y molidas
- Pimienta negra al gusto
- 1 kilo de trucha ahumada, sin espinas, sin piel y en cubos
- ½ cucharadita de ralladura de limón, rallada
- 1 cucharada de jugo de limón
- 1 taza de tomates cherry, cortados a la mitad
- ½ cebolla roja, en rodajas
- 2 tazas de rúcula tierna

**Direcciones:**
1. Combine la trucha ahumada en un tazón con aceitunas, pimienta negra y otros ingredientes, mezcle y sirva.

**Nutrición:** calorías 282, grasa 13.4, fibra 5.3, carbohidratos 11.6, proteína 5.6

# Salmón al azafrán

**Tiempo de preparación:** 10 minutos
**Tiempo de cocción:** 12 minutos
**Porciones:** 4

**Ingredientes:**
- Pimienta negra al gusto
- ½ cucharadita de pimentón dulce
- 4 filetes de salmón, sin espinas
- 3 cucharadas de aceite de oliva
- 1 cebolla amarilla, picada
- 2 dientes de ajo, picados
- ¼ de cucharadita de azafrán en polvo

**Direcciones:**
1. Caliente una sartén en aceite a fuego medio, agregue la cebolla y el ajo, mezcle y saltee por 2 minutos.
2. Agregue el salmón y otros ingredientes, fría durante 5 minutos por cada lado, reparta en platos y sirva.

**Nutrición:** calorías 339, grasa 21.6, fibra 0.7, carbohidratos 3.2, proteína 35

# Ensalada de gambas y sandía

**Tiempo de preparación:** 10 minutos
**Tiempo de cocción:** 0 minutos
**Porciones:** 4

**Ingredientes:**
- ¼ taza de albahaca picada
- 2 tazas de sandía, pelada y cortada en cubitos
- 2 cucharadas de vinagre balsámico
- 2 cucharadas de aceite de oliva
- 1 kilo de langostinos, pelados, en forma y cocidos
- Pimienta negra al gusto
- 1 cucharada de perejil picado

**Direcciones:**
1. En un bowl, combina los camarones con la sandía y los demás ingredientes, mezcla y sirve.

**Nutrición:** calorías 220, grasa 9, fibra 0.4, carbohidratos 7.6, proteína 26.4

# Ensalada de gambas y quinoa al orégano

**Tiempo de preparación:** 5 minutos
**Tiempo de cocción:** 8 minutos
**Porciones:** 4

**Ingredientes:**
- 1 kilo de camarones, pelados y desvenados
- 1 taza de quinua, cocida
- Pimienta negra al gusto
- 1 cucharada de aceite de oliva
- 1 cucharada de orégano picado
- 1 cebolla roja, picada
- Jugo de 1 limón

**Direcciones:**
1. Caliente la sartén en aceite a fuego medio, agregue la cebolla, mezcle y saltee por 2 minutos.
2. Agregue las gambas, revuelva y cocine por 5 minutos.
3. Agregue el resto de los ingredientes, mezcle, divida todo en tazones y sirva.

**Nutrición:** calorías 336, grasa 8.2, fibra 4.1, carbohidratos 32.3, proteína 32.3

# Ensalada de cangrejo

**Tiempo de preparación:** 10 minutos
**Tiempo de cocción:** 0 minutos
**Porciones:** 4

**Ingredientes:**
- 1 cucharada de aceite de oliva
- 2 tazas de carne de cangrejo
- Pimienta negra al gusto
- 1 taza de tomates cherry, cortados a la mitad
- 1 chalote, picado
- 1 cucharada de jugo de limón
- 1/3 taza de cilantro, picado

**Direcciones:**
1. Combine el cangrejo en un tazón con los tomates y otros ingredientes, mezcle y sirva.

**Nutrición:** calorías 54, grasa 3.9, fibra 0.6, carbohidratos 2.6, proteína 2.3

# Vieiras balsámicas

**Tiempo de preparación: 4 minutos**
**Tiempo de cocción: 6 minutos**
**Porciones: 4**

**Ingredientes:**
- 12 onzas de vieiras
- 2 cucharadas de aceite de oliva
- 2 dientes de ajo, picados
- 1 cucharada de vinagre balsámico
- 1 taza de cebolla, rebanada
- 2 cucharadas de cilantro picado

**Direcciones:**
1. Caliente una sartén con aceite a fuego medio, agregue el ajo y los chalotes y saltee durante 2 minutos.
2. Agregue las vieiras y otros ingredientes, fríalas durante 2 minutos por cada lado, reparta en platos y sirva.

**Nutrición:** calorías 146, grasa 7.7, fibra 0.7, carbohidratos 4.4, proteína 14.8

# Mezcla cremosa de lenguado

**Tiempo de preparación: 10 minutos**
**Tiempo de cocción: 20 minutos**
**Porciones: 4**

**Ingredientes:**
- 2 cucharadas de aceite de oliva
- 1 cebolla roja, picada
- Pimienta negra al gusto
- ½ taza de caldo de verduras bajo en sodio
- 4 filetes de platija, sin hueso
- ½ taza de crema de coco
- 1 cucharada de eneldo, picado

**Direcciones:**
1. Calentar la sartén en aceite a fuego medio, agregar la cebolla, mezclar y saltear por 5 minutos.
2. Añadir el pescado y freír durante 4 minutos por cada lado.
3. Agregue el resto de los ingredientes, cocine por otros 7 minutos, divida entre platos y sirva.

**Nutrición:** calorías 232, grasa 12.3, fibra 4, carbohidratos 8.7, proteína 12

# Mezcla picante de salmón y mango

**Tiempo de preparación: 5 minutos**
**Tiempo de cocción: 0 minutos**
**Porciones: 4**

**Ingredientes:**
- 1 kilo de salmón ahumado, sin espinas, sin piel y en hojuelas
- Pimienta negra al gusto
- 1 cebolla roja, picada
- 1 mango pelado, sin semillas y picado
- 2 chiles jalapeños, picados
- ¼ taza de perejil picado
- 3 cucharadas de jugo de lima
- 1 cucharada de aceite de oliva

**Direcciones:**
2. Mezclar el salmón en un bol con pimienta negra y otros ingredientes, mezclar y servir.

**Nutrición:** calorías 323, grasa 14.2, fibra 4, carbohidratos 8.5, proteína 20.4

# Mezcla de gambas al eneldo

Tiempo de preparación: 5 minutos
Tiempo de cocción: 0 minutos
Porciones: 4

**Ingredientes:**
- 2 cucharaditas de jugo de limón
- 1 cucharada de aceite de oliva
- 1 cucharada de eneldo, picado
- 1 kilo de langostinos, cocidos, pelados y troceados
- Pimienta negra al gusto
- 1 taza de rábanos cortados en cubitos

**Direcciones:**
1. Mezcla los camarones en un bowl con el jugo de limón y los demás ingredientes, mezcla y sirve.

**Nutrición:** calorías 292, grasa 13, fibra 4.4, carbohidratos 8, proteína 16.4

# paté de salmón

**Tiempo de preparación:** 4 minutos
**Tiempo de cocción:** 0 minutos
**Porciones:** 6

**Ingredientes:**
- 6 oz de salmón ahumado, sin espinas, sin piel y desmenuzado
- 2 cucharadas de yogur sin grasa
- 3 cucharaditas de jugo de limón
- 2 cebolletas, picadas
- 8 onzas de queso crema bajo en grasa
- ¼ taza de cilantro picado

**Direcciones:**
1. Mezclar el salmón con el yogur y otros ingredientes en un bol, batir y servir frío.

**Nutrición:** calorías 272, grasa 15.2, fibra 4.3, carbohidratos 16.8, proteína 9.9

# Gambas con alcachofas

**Tiempo de preparación: 4 minutos**
**Tiempo de cocción: 8 minutos**
**Porciones: 4**

**Ingredientes:**
- 2 cebollas verdes, picadas
- 1 taza de alcachofas enlatadas, sin sal, escurridas y cortadas en cuartos
- 2 cucharadas de cilantro picado
- 1 kilo de camarones, pelados y desvenados
- 1 dl de tomates cherry cortados en cubitos
- 1 cucharada de aceite de oliva
- 1 cucharada de vinagre balsámico
- Una pizca de sal y pimienta negra

**Direcciones:**
1. Caliente la sartén en aceite a fuego medio, agregue las cebollas y las alcachofas, revuelva y cocine por 2 minutos.
2. Agregue los camarones, revuelva y cocine a fuego medio durante 6 minutos.
3. Divide todo en tazones y sirve.

**Nutrición:** calorías 260, grasa 8.23, fibra 3.8, carbohidratos 14.3, proteína 12.4

# Camarones con salsa de limón

**Tiempo de preparación:** 5 minutos
**Tiempo de cocción:** 8 minutos
**Porciones:** 4

**Ingredientes:**
- 1 kilo de camarones, pelados y desvenados
- 2 cucharadas de aceite de oliva
- Ralladura de 1 limón, rallado
- Jugo de ½ limón
- 1 cucharada de cebollín picado

**Direcciones:**
1. Calienta la sartén con aceite a fuego medio, agrega la cáscara de limón, el jugo de limón y el cilantro, mezcla y cocina por 2 minutos.
2. Añadir las gambas, cocinar todo durante otros 6 minutos, dividir en platos y servir.

**Nutrición:** calorías 195, grasa 8.9, fibra 0, carbohidratos 1.8, proteína 25.9

# Una mezcla de atún y naranja.

**Tiempo de preparación:** 5 minutos
**Tiempo de cocción:** 12 minutos
**Porciones:** 4

**Ingredientes:**
- 4 filetes de atún, sin espinas
- Pimienta negra al gusto
- 2 cucharadas de aceite de oliva
- 2 chalotes, picados
- 3 cucharadas de jugo de naranja
- 1 naranja, pelada y cortada en trozos
- 1 cucharada de orégano picado

**Direcciones:**
1. Caliente la sartén en aceite a fuego medio, agregue las chalotas, mezcle y saltee durante 2 minutos.
2. Agregue el atún y otros ingredientes, cocine todo por otros 10 minutos, divida en platos y sirva.

**Nutrición:** calorías 457, grasa 38.2, fibra 1.6, carbohidratos 8.2, proteína 21.8

# curry de salmón

**Tiempo de preparación: 10 minutos**
**Tiempo de cocción: 20 minutos**
**Porciones: 4**

**Ingredientes:**
- 1 kilo de filete de salmón, sin espinas y cortado en cubitos
- 3 cucharadas de pasta de curry rojo
- 1 cebolla roja, picada
- 1 cucharadita de pimentón dulce
- 1 taza de crema de coco
- 1 cucharada de aceite de oliva
- Pimienta negra al gusto
- ½ taza de caldo de pollo bajo en sodio
- 3 cucharadas de albahaca picada

**Direcciones:**
1. Calienta una sartén con aceite a fuego medio, agrega la cebolla, el pimentón y la pasta de curry, mezcla y cocina por 5 minutos.
2. Agregue el salmón y otros ingredientes, mezcle suavemente, cocine a fuego medio durante 15 minutos, divida en tazones y sirva.

**Nutrición:** calorías 377, grasa 28.3, fibra 2.1, carbohidratos 8.5, proteína 23.9

# Mezcla de salmón y zanahoria

**Tiempo de preparación:** 10 minutos
**Tiempo de cocción:** 15 minutos
**Porciones:** 4

**Ingredientes:**
- 4 filetes de salmón, sin espinas
- 1 cebolla roja, picada
- 2 zanahorias, en rodajas
- 2 cucharadas de aceite de oliva
- 2 cucharadas de vinagre balsámico
- Pimienta negra al gusto
- 2 cucharadas de cebollín picado
- ¼ taza de caldo de verduras bajo en sodio

**Direcciones:**
1. Caliente la sartén en aceite a fuego medio, agregue la cebolla y las zanahorias, mezcle y saltee por 5 minutos.
2. Agregue el salmón y otros ingredientes, cocine todo por otros 10 minutos, divida en platos y sirva.

**Nutrición:** calorías 322, grasa 18, fibra 1.4, carbohidratos 6, proteína 35.2

# Una mezcla de gambas y piñones.

**Tiempo de preparación:** 10 minutos
**Tiempo de cocción:** 10 minutos
**Porciones:** 4

**Ingredientes:**
- 1 kilo de camarones, pelados y desvenados
- 2 cucharadas de piñones
- 1 cucharada de jugo de lima
- 2 cucharadas de aceite de oliva
- 3 dientes de ajo, picados
- Pimienta negra al gusto
- 1 cucharada de tomillo picado
- 2 cucharadas de cebollín, picado

**Direcciones:**
1. Calienta una sartén con aceite a fuego medio, agrega el ajo, el tomillo, los piñones y el jugo de limón, mezcla y cocina por 3 minutos.
2. Agregue las gambas, la pimienta negra y el cebollino, revuelva, cocine por otros 7 minutos, divida en platos y sirva.

**Nutrición:** calorías 290, grasa 13, fibra 4.5, carbohidratos 13.9, proteína 10

# Bacalao picante y judías verdes

**Tiempo de preparación:** 10 minutos
**Tiempo de cocción:** 14 minutos
**Porciones:** 4

**Ingredientes:**
- 4 filetes de bacalao, sin espinas
- ½ libra de judías verdes, cortadas y cortadas por la mitad
- 1 cucharada de jugo de lima
- 1 cucharada de cáscara de lima, rallada
- 1 cebolla amarilla, picada
- 2 cucharadas de aceite de oliva
- 1 cucharadita de comino, molido
- 1 cucharadita de chile en polvo
- ½ taza de caldo de verduras bajo en sodio
- Una pizca de sal y pimienta negra

**Direcciones:**
1. Calienta la sartén con aceite a fuego medio, agrega la cebolla, revuelve y cocina por 2 minutos.
2. Agrega el pescado y fríe durante 3 minutos por cada lado.
3. Agregue las judías verdes y otros ingredientes, mezcle suavemente, cocine por otros 7 minutos, divida en platos y sirva.

**Nutrición:** calorías 220, grasa 13, carbohidratos 14.3, fibra 2.3, proteína 12

# vieiras al ajillo

**Tiempo de preparación:** 5 minutos
**Tiempo de cocción:** 8 minutos
**Porciones:** 4

**Ingredientes:**
- 12 vieiras
- 1 cebolla roja, en rodajas
- 2 cucharadas de aceite de oliva
- ½ cucharadita de ajo picado
- 2 cucharadas de jugo de limón
- Pimienta negra al gusto
- 1 cucharadita de vinagre balsámico

**Direcciones:**
1. Caliente una sartén con aceite a fuego medio, agregue la cebolla y el ajo y saltee por 2 minutos.
2. Agregue las vieiras y otros ingredientes, cocine a fuego medio durante otros 6 minutos, divida entre platos y sirva caliente.

**Nutrición:** calorías 259, grasa 8, fibra 3, carbohidratos 5.7, proteína 7

# Mix cremoso de lubina

**Tiempo de preparación: 10 minutos**
**Tiempo de cocción: 14 minutos**
**Porciones: 4**

**Ingredientes:**
- 4 filetes de lubina, sin espinas
- 1 taza de crema de coco
- 1 cebolla amarilla, picada
- 1 cucharada de jugo de lima
- 2 cucharadas de aceite de aguacate
- 1 cucharada de perejil picado
- una pizca de pimienta negra

**Direcciones:**
1. Caliente la sartén en aceite a fuego medio, agregue la cebolla, mezcle y saltee por 2 minutos.
2. Añadir el pescado y freír durante 4 minutos por cada lado.
3. Agregue el resto de los ingredientes, cocine todo por otros 4 minutos, divida en platos y sirva.

**Nutrición:** calorías 283, grasa 12.3, fibra 5, carbohidratos 12.5, proteína 8

# Mezcla de lubina y champiñones

**Tiempo de preparación:** 10 minutos
**Tiempo de cocción:** 13 minutos
**Porciones:** 4

**Ingredientes:**
- 4 filetes de lubina, sin espinas
- 2 cucharadas de aceite de oliva
- Pimienta negra al gusto
- ½ taza de champiñones blancos, en rodajas
- 1 cebolla roja, picada
- 2 cucharadas de vinagre balsámico
- 3 cucharadas de cilantro picado

**Direcciones:**
1. Calienta la sartén con aceite a fuego medio, agrega la cebolla y los champiñones, mezcla y cocina por 5 minutos.
2. Agregue el pescado y otros ingredientes, fría durante 4 minutos por cada lado, divida todo en platos y sirva.

**Nutrición:** calorías 280, grasa 12.3, fibra 8, carbohidratos 13.6, proteína 14.3

# Queso de salmón

**Tiempo de preparación:** 5 minutos
**Tiempo de cocción:** 20 minutos
**Porciones:** 4

**Ingredientes:**
- 1 kilo de filetes de salmón, sin espinas, sin piel y cortado en cubitos
- 1 taza de cebolla amarilla, picada
- 2 cucharadas de aceite de oliva
- Pimienta negra al gusto
- 2 tazas de caldo de verduras bajo en sodio
- 1 y ½ tazas de tomates picados
- 1 cucharada de albahaca picada

**Direcciones:**
1. Calienta la olla con aceite a fuego medio, agrega la cebolla, revuelve y saltea por 5 minutos.
2. Agrega el salmón y los demás ingredientes, lleva a ebullición y cocina a fuego medio durante 15 minutos.
3. Divide la salsa en tazones y sirve.

**Nutrición:** calorías 250, grasa 12.2, fibra 5, carbohidratos 8.5, proteína 7

# Camarones a la nuez moscada

**Tiempo de preparación:** 3 minutos
**Tiempo de cocción:** 6 minutos
**Porciones:** 4

**Ingredientes:**
- 1 kilo de camarones, pelados y desvenados
- 2 cucharadas de aceite de oliva
- 1 cucharada de jugo de limón
- 1 cucharada de nuez moscada, molida
- Pimienta negra al gusto
- 1 cucharada de cilantro picado

**Direcciones:**
1. Calienta una sartén con aceite a fuego medio, agrega los camarones, el jugo de limón y los demás ingredientes, revuelve, cocina por 6 minutos, divide en tazones y sirve.

**Nutrición:** calorías 205, grasa 9.6, fibra 0.4, carbohidratos 2.7, proteína 26

# Mezcla de camarones y bayas

**Tiempo de preparación: 4 minutos**
**Tiempo de cocción: 6 minutos**
**Porciones: 4**

**Ingredientes:**
- 1 kilo de camarones, pelados y desvenados
- ½ taza de tomates cortados en cubitos
- 2 cucharadas de aceite de oliva
- 1 cucharada de vinagre balsámico
- ½ taza de fresas, picadas
- Pimienta negra al gusto

**Direcciones:**
1. Calienta la sartén con aceite a fuego medio, agrega los camarones, revuelve y cocina por 3 minutos.
2. Agregue el resto de los ingredientes, mezcle, cocine por otros 3-4 minutos, divida en tazones y sirva.

**Nutrición:** calorías 205, grasa 9, fibra 0.6, carbohidratos 4, proteína 26.2

# Trucha al limón frita

**Tiempo de preparación: 10 minutos**
**Tiempo de cocción: 30 minutos**
**Porciones: 4**

**Ingredientes:**
- 4 truchas
- 1 cucharada de cáscara de limón, rallada
- 2 cucharadas de aceite de oliva
- 2 cucharadas de jugo de limón
- una pizca de pimienta negra
- 2 cucharadas de cilantro picado

**Direcciones:**
1. Mezclar el pescado en una fuente para horno con la piel de limón y otros ingredientes y frotar.
2. Hornee a 370 grados durante 30 minutos, divida entre platos y sirva.

**Nutrición:** calorías 264, grasa 12.3, fibra 5, carbohidratos 7, proteína 11

# Cebollino Vieiras

**Tiempo de preparación:** 3 minutos
**Tiempo de cocción:** 4 minutos
**Porciones:** 4

**Ingredientes:**
- 12 vieiras
- 2 cucharadas de aceite de oliva
- Pimienta negra al gusto
- 2 cucharadas de cebollín picado
- 1 cucharada de pimentón dulce

**Direcciones:**
1. Calentar la sartén en aceite a fuego medio, agregar las vieiras, el pimentón y los demás ingredientes y sofreír 2 minutos por cada lado.
2. Dividir en platos y servir con una ensalada.

**Nutrición:** calorías 215, grasa 6, fibra 5, carbohidratos 4.5, proteína 11

# Albóndigas de atún

**Tiempo de preparación:** 10 minutos
**Tiempo de cocción:** 30 minutos
**Porciones:** 4

**Ingredientes:**
- 2 cucharadas de aceite de oliva
- 1 kilo de atún, sin piel, sin espinas y picado
- 1 cebolla amarilla, picada
- ¼ taza de cebollín picado
- 1 huevo batido
- 1 cucharada de harina de coco
- Una pizca de sal y pimienta negra

**Direcciones:**
1. En un bol, mezclar el atún con la cebolla y los demás ingredientes excepto el aceite, mezclar bien y formar con esta mezcla albóndigas medianas.
2. Coloque las albóndigas en una bandeja para hornear, engrase con aceite, póngalas en el horno a 350 grados, cocine por 30 minutos, divida en platos y sirva.

**Nutrición:** calorías 291, grasa 14.3, fibra 5, carbohidratos 12.4, proteína 11

# sartén de salmón

**Tiempo de preparación:** 10 minutos
**Tiempo de cocción:** 12 minutos
**Porciones:** 4

**Ingredientes:**

- 4 filetes de salmón, deshuesados y cortados en cubitos
- 2 cucharadas de aceite de oliva
- 1 pimiento rojo cortado en tiras
- 1 calabacín, cortado en cubitos
- 1 berenjena, cortada en cubitos
- 1 cucharada de jugo de limón
- 1 cucharada de eneldo, picado
- ¼ taza de caldo de verduras bajo en sodio
- 1 cucharadita de ajo en polvo
- una pizca de pimienta negra

**Direcciones:**

1. Calentar una sartén con aceite a fuego medio, agregar pimentón, calabacín y berenjena, mezclar y saltear por 3 minutos.
2. Agregue el salmón y otros ingredientes, mezcle suavemente, cocine todo por otros 9 minutos, divida en platos y sirva.

**Nutrición:** calorías 348, grasa 18.4, fibra 5.3, carbohidratos 11.9, proteína 36.9

# Mezcla de bacalao a la mostaza

**Tiempo de preparación: 10 minutos**
**Tiempo de cocción: 25 minutos**
**Porciones: 4**

**Ingredientes:**
- 4 lomos de bacalao, sin piel y sin espinas
- una pizca de pimienta negra
- 1 cucharadita de jengibre, rallado
- 1 cucharada de mostaza
- 2 cucharadas de aceite de oliva
- 1 cucharadita de tomillo, seco
- ¼ de cucharadita de comino molido
- 1 cucharadita de cúrcuma en polvo
- ¼ taza de cilantro picado
- 1 taza de caldo de verduras bajo en sodio
- 3 dientes de ajo, picados

**Direcciones:**
1. Combine el bacalao con pimienta negra, jengibre y otros ingredientes en una sartén, mezcle suavemente y hornee a 380 grados durante 25 minutos.
2. Repartir la mezcla entre platos y servir.

**Nutrición:** calorías 176, grasa 9, fibra 1, carbohidratos 3.7, proteína 21.2

# Mezcla de gambas y espárragos

**Tiempo de preparación:** 10 minutos
**Tiempo de cocción:** 14 minutos
**Porciones:** 4

**Ingredientes:**
- 1 manojo de espárragos cortados por la mitad
- 1 kilo de camarones, pelados y desvenados
- Pimienta negra al gusto
- 2 cucharadas de aceite de oliva
- 1 cebolla roja, picada
- 2 dientes de ajo, picados
- 1 taza de crema de coco

**Direcciones:**
1. Calienta una sartén con aceite a fuego medio, agrega la cebolla, el ajo y los espárragos, revuelve y cocina por 4 minutos.
2. Agregue los camarones y los demás ingredientes, mezcle, cocine a fuego medio durante 10 minutos, divida todo en tazones y sirva.

**Nutrición:** calorías 225, grasa 6, fibra 3.4, carbohidratos 8.6, proteína 8

# bacalao y guisantes

**Tiempo de preparación:** 10 minutos
**Tiempo de cocción:** 20 minutos
**Porciones:** 4

**Ingredientes:**
- 1 cebolla amarilla, picada
- 2 cucharadas de aceite de oliva
- ½ taza de caldo de pollo bajo en sodio
- 4 filetes de bacalao, sin espinas ni piel
- Pimienta negra al gusto
- 1 taza de guisantes de nieve

**Direcciones:**
1. Calienta la olla con aceite a fuego medio, agrega la cebolla, revuelve y saltea por 4 minutos.
2. Agrega el pescado y fríe durante 3 minutos por cada lado.
3. Agregue los guisantes y otros ingredientes, cocine todo por otros 10 minutos, divida en platos y sirva.

**Nutrición:** calorías 240, grasa 8.4, fibra 2.7, carbohidratos 7.6, proteína 14

# Tazones de camarones y almejas

**Tiempo de preparación: 5 minutos**
**Tiempo de cocción: 12 minutos**
**Porciones: 4**

**Ingredientes:**
- 1 kilo de mejillones, pelados
- ½ taza de caldo de pollo bajo en sodio
- 1 kilo de camarones, pelados y desvenados
- 2 chalotes, picados
- 1 dl de tomates cherry cortados en cubitos
- 2 dientes de ajo, picados
- 1 cucharada de aceite de oliva
- Jugo de 1 limón

**Direcciones:**
1. Caliente una sartén con aceite a fuego medio, agregue los chalotes y el ajo y saltee durante 2 minutos.
2. Agregue los camarones, las almejas y los demás ingredientes, cocine todo a fuego medio durante 10 minutos, divida en tazones y sirva.

**Nutrición:** calorías 240, grasa 4.9, fibra 2.4, carbohidratos 11.6, proteína 8

Recetas de postres de la dieta Dash

# Crema de menta

**Tiempo de preparación:** 2 horas y 4 minutos

## Tiempo de cocción: 0 minutos
## Porciones: 4

## Ingredientes:
- 4 tazas de yogur sin grasa
- 1 taza de crema de coco
- 3 cucharadas de stevia
- 2 cucharaditas de ralladura de lima, rallada
- 1 cucharada de menta picada

## Direcciones:
1. Mezcle la nata con el yogur y los demás ingredientes en una batidora, hierva bien, divida en copas y guarde en el frigorífico durante 2 horas antes de servir.

**Nutrición:** calorías 512, grasa 14.3, fibra 1.5, carbohidratos 83.6, proteína 12.1

# budín de frambuesa

**Tiempo de preparación:** 10 minutos
**Tiempo de cocción:** 24 minutos
**Porciones:** 4

**Ingredientes:**
- 1 taza de frambuesas
- 2 cucharaditas de azúcar de coco
- 3 huevos batidos
- 1 cucharada de aceite de aguacate
- ½ taza de leche de almendras
- ½ taza de harina de coco
- ¼ taza de yogur sin grasa

**Direcciones:**
1. En un recipiente, mezcle las frambuesas con el azúcar y los demás ingredientes, excepto el aceite en aerosol, y bata bien.
2. Engrase la fuente de budín con aceite en aerosol, agregue la mezcla de frambuesas, extienda, hornee a 400 grados durante 24 minutos, divida entre platos de postre y sirva.

**Nutrición:** calorías 215, grasa 11.3, fibra 3.4, carbohidratos 21.3, proteína 6.7

# Barritas de almendras

**Tiempo de preparación:** 10 minutos
**Tiempo de cocción:** 30 minutos
**Porciones:** 4

**Ingredientes:**
- 1 taza de almendras, trituradas
- 2 huevos batidos
- ½ taza de leche de almendras
- 1 cucharadita de extracto de vainilla
- 2/3 taza de azúcar de coco
- 2 tazas de harina integral
- 1 cucharadita de levadura en polvo
- Spray para cocinar

**Direcciones:**
1. En un recipiente, mezcle las almendras con los huevos y los demás ingredientes, excepto el aceite en aerosol, y mezcle bien.
2. Verter esto en un molde cuadrado engrasado con aceite en aerosol, extender bien, hornear en el horno durante 30 minutos, enfriar, cortar en trozos y servir.

**Nutrición:** calorías 463, grasa 22,5, fibra 11, carbohidratos 54,4, proteína 16,9

# Revuelto de Duraznos al Horno

**Tiempo de preparación: 10 minutos**
**Tiempo de cocción: 30 minutos**
**Porciones: 4**

**Ingredientes:**
- 4 duraznos, deshuesados y partidos por la mitad
- 1 cucharada de azúcar de coco
- 1 cucharadita de extracto de vainilla
- ¼ de cucharadita de canela en polvo
- 1 cucharada de aceite de aguacate

**Direcciones:**
1. Combine los duraznos con el azúcar y otros ingredientes en una bandeja para hornear, hornee a 375 grados durante 30 minutos, enfríe y sirva.

**Nutrición:** calorías 91, grasa 0.8, fibra 2.5, carbohidratos 19.2, proteína 1.7

# Pastel de nuez

**Tiempo de preparación: 10 minutos**
**Tiempo de cocción: 25 minutos**
**Porciones: 8**

**Ingredientes:**
- 3 tazas de harina de almendras
- 1 taza de azúcar de coco
- 1 cucharada de extracto de vainilla
- ½ dl de nueces picadas
- 2 cucharaditas de bicarbonato de sodio
- 2 tazas de leche de coco
- ½ taza de aceite de coco, derretido

**Direcciones:**
1. Combine la harina de almendras con el azúcar y otros ingredientes en un tazón, bata bien, vierta en el molde para pasteles, extienda, ponga en el horno a 370 grados, hornee por 25 minutos.
2. Dejar enfriar el bizcocho, cortar y servir.

**Nutrición:** calorías 445, grasa 10, fibra 6.5, carbohidratos 31.4, proteína 23.5

# tarta de manzana

**Tiempo de preparación:** 10 minutos
**Tiempo de cocción:** 30 minutos
**Porciones:** 4

**Ingredientes:**
- 2 tazas de harina de almendras
- 1 cucharadita de bicarbonato de sodio
- 1 cucharadita de levadura en polvo
- ½ cucharadita de canela en polvo
- 2 cucharadas de azúcar de coco
- 1 taza de leche de almendras
- 2 manzanas verdes, peladas, sin corazón y picadas
- Spray para cocinar

**Direcciones:**
1. En un tazón, mezcle la harina con el bicarbonato de sodio, las manzanas y otros ingredientes excepto el aceite en aerosol y bata bien.
2. Vierta esto en un molde para pasteles engrasado con aceite en aerosol, extienda bien, póngalo en el horno y hornee a 360 grados durante 30 minutos.
3. Enfriar el pastel, cortar y servir.

**Nutrición:** calorías 332, grasa 22.4, fibra 9l.6, carbohidratos 22.2, proteína 12.3

# crema de canela

**Tiempo de preparación:** 2 horas
**Tiempo de cocción:** 10 minutos
**Porciones:** 4

**Ingredientes:**
- 1 taza de leche de almendras sin grasa
- 1 taza de crema de coco
- 2 tazas de azúcar de coco
- 2 cucharadas de canela en polvo
- 1 cucharadita de extracto de vainilla

**Direcciones:**
1. Calienta la sartén con la leche de almendras a fuego medio, agrega el resto de los ingredientes, bate y cocina por otros 10 minutos.
2. Divida la mezcla en tazones, enfríe y refrigere por 2 horas antes de servir.

**Nutrición:** Calorías 254, grasa 7,5, fibra 5, carbohidratos 16,4, proteína 9,5

# Mezcla cremosa de fresas

**Tiempo de preparación: 10 minutos**
**Tiempo de cocción: 0 minutos**
**Porciones: 4**

**Ingredientes:**
- 1 cucharadita de extracto de vainilla
- 2 tazas de fresas, picadas
- 1 cucharadita de azúcar de coco
- 8 onzas de yogur sin grasa

**Direcciones:**
1. Mezclar las fresas con la vainilla y los demás ingredientes en un bol, mezclar y servir frío.

**Nutrición:** calorías 343, grasa 13.4, fibra 6, carbohidratos 15.43, proteína 5.5

# Brownies de vainilla y pecanas

**Tiempo de preparación: 10 minutos**
**Tiempo de cocción: 25 minutos**
**Porciones: 8**

**Ingredientes:**
- 1 taza de nueces, picadas
- 3 cucharadas de azúcar de coco
- 2 cucharadas de cacao en polvo
- 3 huevos batidos
- ¼ taza de aceite de coco, derretido
- ½ cucharadita de levadura en polvo
- 2 cucharaditas de extracto de vainilla
- Spray para cocinar

**Direcciones:**
1. En un procesador de alimentos, combine las nueces con el azúcar de coco y otros ingredientes excepto el aceite en aerosol y triture bien.
2. Cubra una fuente cuadrada con aceite en aerosol, agregue la mezcla de brownie, extienda, coloque en el horno, hornee a 350 grados durante 25 minutos, deje enfriar, rebane y sirva.

**Nutrición:** calorías 370, grasa 14.3, fibra 3, carbohidratos 14.4, proteína 5.6

# pastel de fresa

**Tiempo de preparación:** 10 minutos
**Tiempo de cocción:** 25 minutos
**Porciones:** 6

**Ingredientes:**
- 2 tazas de harina de trigo integral
- 1 taza de fresas, picadas
- ½ cucharadita de bicarbonato de sodio
- ½ taza de azúcar de coco
- ¾ taza de leche de coco
- ¼ taza de aceite de coco, derretido
- 2 huevos batidos
- 1 cucharadita de extracto de vainilla
- Spray para cocinar

**Direcciones:**
1. En un bol, mezclar la harina con las fresas y los demás ingredientes, excepto la jeringa de coca cola, y batir bien.
2. Engrase el molde para pastel con aceite en aerosol, vierta la mezcla del pastel, extienda, hornee a 350 grados durante 25 minutos, enfríe, corte y sirva.

**Nutrición:** calorías 465, grasa 22.1, fibra 4, carbohidratos 18.3, proteína 13.4

# budín de cacao

**Tiempo de preparación:** 10 minutos
**Tiempo de cocción:** 10 minutos
**Porciones:** 4

**Ingredientes:**
- 2 cucharadas de azúcar de coco
- 3 cucharadas de harina de coco
- 2 cucharadas de cacao en polvo
- 2 tazas de leche de almendras
- 2 huevos batidos
- ½ cucharadita de extracto de vainilla

**Direcciones:**
1. Ponga la leche en una olla, agregue el cacao y otros ingredientes, bata, cocine a fuego medio durante 10 minutos, vierta en tazas pequeñas y sirva frío.

**Nutrición:** calorías 385, grasa 31.7, fibra 5.7, carbohidratos 21.6, proteína 7.3

# Crema de nuez moscada y vainilla

**Tiempo de preparación:** 10 minutos
**Tiempo de cocción:** 0 minutos
**Porciones:** 6

**Ingredientes:**
- 3 tazas de leche descremada
- 1 cucharadita de nuez moscada, molida
- 2 cucharaditas de extracto de vainilla
- 4 cucharaditas de azúcar de coco
- 1 taza de nueces picadas

**Direcciones:**
1. Mezcle la leche con la nuez moscada y otros ingredientes en un tazón, bata bien, divida en tazas pequeñas y sirva frío.

**Nutrición:** calorías 243, grasa 12.4, fibra 1.5, carbohidratos 21.1, proteína 9.7

# Crema de Aguacate

**Tiempo de preparación:**1 hora y 10 minutos

**Tiempo de cocción: 0 minutos**
**Porciones: 4**

**Ingredientes:**
- 2 tazas de crema de coco
- 2 aguacates, pelados, deshuesados y triturados
- 2 cucharadas de azúcar de coco
- 1 cucharadita de extracto de vainilla

**Direcciones:**
1. Mezcla la crema en una licuadora con los aguacates y otros ingredientes, hierve bien, divide en tazas y refrigera por 1 hora antes de servir.

**Nutrición:**calorías 532, grasa 48.2, fibra 9.4, carbohidratos 24.9, proteína 5.2

# crema de frambuesa

**Tiempo de preparación:** 10 minutos
**Tiempo de cocción:** 25 minutos
**Porciones:** 4

**Ingredientes:**
- 2 cucharadas de harina de almendras
- 1 taza de crema de coco
- 3 tazas de frambuesas
- 1 taza de azúcar de coco
- 8 onzas de queso crema bajo en grasa

**Direcciones:**
1. Batir la harina con la nata y los demás ingredientes en un bol, transferir a un molde redondo, cocinar a 360 grados durante 25 minutos, dividir en tazones y servir.

**Nutrición:** calorías 429, grasa 36.3, fibra 7.7, carbohidratos 21.3, proteína 7.8

# Ensalada de sandía

**Tiempo de preparación: 4 minutos**
**Tiempo de cocción: 0 minutos**
**Porciones: 4**

**Ingredientes:**
- 1 taza de sandía, pelada y cortada en cubitos
- 2 manzanas, peladas y cortadas en cubitos
- 1 cucharada de crema de coco
- 2 plátanos cortados en trozos

**Direcciones:**
1. Combina la sandía en un bol con las manzanas y los demás ingredientes, mezcla y sirve.

**Nutrición:** calorías 131, grasa 1.3, fibra 4.5, carbohidratos 31.9, proteína 1.3

# Mezcla de coco y pera

**Tiempo de preparación:** 10 minutos
**Tiempo de cocción:** 10 minutos
**Porciones:** 4

**Ingredientes:**
- 2 cucharaditas de jugo de lima
- ½ taza de crema de coco
- ½ taza de coco, rallado
- 4 peras, peladas y cortadas en cubitos
- 4 cucharadas de azúcar de coco

**Direcciones:**
1. Combine las peras en una sartén con el jugo de limón y otros ingredientes, mezcle, hierva a fuego medio y cocine por 10 minutos.
2. Dividir en tazones y servir frío.

**Nutrición:** calorías 320, grasa 7.8, fibra 3, carbohidratos 6.4, proteína 4.7

# compota de manzana

**Tiempo de preparación:** 10 minutos
**Tiempo de cocción:** 15 minutos
**Porciones:** 4

**Ingredientes:**
- 5 cucharadas de azúcar de coco
- 2 tazas de jugo de naranja
- 4 manzanas, peladas y cortadas en cubitos

**Direcciones:**
1. Mezcle las manzanas con el azúcar y el jugo de naranja en una cacerola, revuelva, hierva a fuego medio, cocine por 15 minutos, divida en tazones y sirva frío.

**Nutrición:** calorías 220, grasa 5.2, fibra 3, carbohidratos 5.6, proteína 5.6

# estofado de albaricoque

**Tiempo de preparación:** 10 minutos
**Tiempo de cocción:** 15 minutos
**Porciones:** 4

**Ingredientes:**
- 2 tazas de albaricoques, cortados a la mitad
- 2 tazas de agua
- 2 cucharadas de azúcar de coco
- 2 cucharadas de jugo de limón

**Direcciones:**
1. En una olla, mezcle los albaricoques con agua y otros ingredientes, mezcle, cocine a fuego medio durante 15 minutos, divida en tazones y sirva.

**Nutrición:** calorías 260, grasa 6.2, fibra 4.2, carbohidratos 5.6, proteína 6

# Mezcla de melón y limón

**Tiempo de preparación:** 10 minutos
**Tiempo de cocción:** 10 minutos
**Porciones:** 4

**Ingredientes:**
- 2 tazas de melón, pelado y cortado en cubitos
- 4 cucharadas de azúcar de coco
- 2 cucharaditas de extracto de vainilla
- 2 cucharaditas de jugo de limón

**Direcciones:**
1. Combine el melón, el azúcar y otros ingredientes en una cacerola pequeña, mezcle, caliente a fuego medio, cocine por unos 10 minutos, divida en tazones y sirva frío.

**Nutrición:** calorías 140, grasa 4, fibra 3.4, carbohidratos 6.7, proteína 5

# Crema cremosa de ruibarbo

**Tiempo de preparación: 10 minutos**
**Tiempo de cocción: 14 minutos**
**Porciones: 4**

**Ingredientes:**
- 1/3 taza de queso crema bajo en grasa
- ½ taza de crema de coco
- 2 kilos de ruibarbo, picado en trozos grandes
- 3 cucharadas de azúcar de coco

**Direcciones:**
1. Mezcle el queso crema con la crema y otros ingredientes en una licuadora y hierva bien.
2. Dividir en tazas pequeñas, poner en el horno y hornear a 350 grados durante 14 minutos.
3. Servir frío.

**Nutrición:** calorías 360, grasa 14.3, fibra 4.4, carbohidratos 5.8, proteína 5.2

# Cuencos de piña

Tiempo de preparación: **10 minutos**
Tiempo de cocción: **0 minutos**
Porciones: **4**

Ingredientes:
- 3 tazas de piña pelada y cortada en cubitos
- 1 cucharadita de semillas de chía
- 1 taza de crema de coco
- 1 cucharadita de extracto de vainilla
- 1 cucharada de menta picada

Direcciones:
1. Combine la piña con la crema y otros ingredientes en un tazón, mezcle, divida en tazones más pequeños y refrigere por 10 minutos antes de servir.

**Nutrición:**calorías 238, grasa 16.6, fibra 5.6, carbohidratos 22.8, proteína 3.3

# Estofado de arándanos

**Tiempo de preparación:** 10 minutos
**Tiempo de cocción:** 10 minutos
**Porciones:** 4

**Ingredientes:**
- 2 cucharadas de jugo de limón
- 1 taza de agua
- 3 cucharadas de azúcar de coco
- 12 onzas de arándanos

**Direcciones:**
1. Mezclar los arándanos en una sartén con azúcar y otros ingredientes, llevar a ebullición lenta y cocinar a fuego medio durante 10 minutos.
2. Dividir en tazones y servir.

**Nutrición:** calorías 122, grasa 0.4, fibra 2.1, carbohidratos 26.7, proteína 1.5

# budín de lima

**Tiempo de preparación:** 10 minutos
**Tiempo de cocción:** 15 minutos
**Porciones:** 4

**Ingredientes:**
- 2 tazas de crema de coco
- Zumo de 1 lima
- Ralladura de 1 lima, rallada
- 3 cucharadas de aceite de coco derretido
- 1 huevo batido
- 1 cucharadita de levadura en polvo

**Direcciones:**
1. En un bol, mezclar la nata con el zumo de lima y los demás ingredientes y batir bien.
2. Divida en moldes pequeños, póngalos en el horno y hornee a 360 grados durante 15 minutos.
3. Sirva el budín frío.

**Nutrición:** calorías 385, grasa 39.9, fibra 2.7, carbohidratos 8.2, proteína 4.2

# Crema de durazno

**Tiempo de preparación: 10 minutos**
**Tiempo de cocción: 0 minutos**
**Porciones: 4**

**Ingredientes:**
- 3 tazas de crema de coco
- 2 duraznos, sin hueso y picados
- 1 cucharadita de extracto de vainilla
- ½ taza de almendras picadas

**Direcciones:**
1. Combine la crema y otros ingredientes en una licuadora, hierva bien, divida en tazones pequeños y sirva frío.

**Nutrición:** calorías 261, grasa 13, fibra 5.6, carbohidratos 7, proteína 5.4

# Mezcla de canela y ciruela

**Tiempo de preparación:** 10 minutos
**Tiempo de cocción:** 15 minutos
**Porciones:** 4

**Ingredientes:**
- 1 kilo de ciruelas, sin hueso y partidas por la mitad
- 2 cucharadas de azúcar de coco
- ½ cucharadita de canela en polvo
- 1 taza de agua

**Direcciones:**
1. En una sartén, mezcle las ciruelas con el azúcar y otros ingredientes, lleve a ebullición y cocine a fuego medio durante 15 minutos.
2. Dividir en tazones y servir frío.

**Nutrición:** calorías 142, grasa 4, fibra 2.4, carbohidratos 14, proteína 7

# Manzanas con chía y vainilla

**Tiempo de preparación: 10 minutos**
**Tiempo de cocción: 10 minutos**
**Porciones: 4**

**Ingredientes:**
- 2 tazas de manzanas, peladas y en rodajas
- 2 cucharadas de semillas de chía
- 1 cucharadita de extracto de vainilla
- 2 tazas de jugo de manzana natural sin azúcar

**Direcciones:**
1. Combine las manzanas en una cacerola pequeña con las semillas de chía y otros ingredientes, revuelva, cocine a fuego medio durante 10 minutos, divida en tazones y sirva frío.

**Nutrición:** calorías 172, grasa 5.6, fibra 3.5, carbohidratos 10, proteína 4.4

# Budín de arroz y pera

**Tiempo de preparación:** 10 minutos
**Tiempo de cocción:** 25 minutos
**Porciones:** 4

**Ingredientes:**
- 6 tazas de agua
- 1 taza de azúcar de coco
- 2 tazas de arroz negro
- 2 peras, peladas y cortadas en cubitos
- 2 cucharaditas de canela en polvo

**Direcciones:**
1. Pon el agua en una olla, caliéntala a fuego medio, agrega el arroz, el azúcar y los demás ingredientes, revuelve, deja hervir, reduce el fuego a medio y cocina por 25 minutos.
2. Dividir en tazones y servir frío.

**Nutrición:** calorías 290, grasa 13.4, fibra 4, carbohidratos 13.20, proteína 6.7

# Estofado de ruibarbo

**Tiempo de preparación:** 10 minutos
**Tiempo de cocción:** 15 minutos
**Porciones:** 4

**Ingredientes:**
- 2 tazas de ruibarbo, picado en trozos grandes
- 3 cucharadas de azúcar de coco
- 1 cucharadita de extracto de almendras
- 2 tazas de agua

**Direcciones:**
1. Combine el ruibarbo en una cacerola con los demás ingredientes, revuelva, hierva a fuego medio, cocine por 15 minutos, divida en tazones y sirva frío.

**Nutrición:** calorías 142, grasa 4.1, fibra 4.2, carbohidratos 7, proteína 4

# Crema de ruibarbo

**Tiempo de preparación: 1 hora**
**Tiempo de cocción: 10 minutos**
**Porciones: 4**

**Ingredientes:**
- 2 tazas de crema de coco
- 1 taza de ruibarbo, picado
- 3 huevos batidos
- 3 cucharadas de azúcar de coco
- 1 cucharada de jugo de lima

**Direcciones:**
1. En una cacerola pequeña, mezcle la crema con el ruibarbo y los demás ingredientes, mezcle bien, cocine a fuego medio durante 10 minutos, mezcle con una licuadora de inmersión, divida en tazones y refrigere por 1 hora antes de servir.

**Nutrición:** calorías 230, grasa 8.4, fibra 2.4, carbohidratos 7.8, proteína 6

# Ensalada de arándanos

**Tiempo de preparación: 5 minutos**
**Tiempo de cocción: 0 minutos**
**Porciones: 4**

**Ingredientes:**
- 2 tazas de arándanos
- 3 cucharadas de menta picada
- 1 pera, pelada y cortada en cubitos
- 1 manzana, sin corazón y cortada en cubitos
- 1 cucharada de azúcar de coco

**Direcciones:**
1. Combine los arándanos en un tazón con menta y otros ingredientes, mezcle y sirva frío.

**Nutrición:** calorías 150, grasa 2.4, fibra 4, carbohidratos 6.8, proteína 6

# Crema de dátiles y plátano

Tiempo de preparación: 5 minutos
Tiempo de cocción: 0 minutos
Porciones: 4

**Ingredientes:**
- 1 taza de leche de almendras
- 1 plátano, pelado y en rodajas
- 1 cucharadita de extracto de vainilla
- ½ taza de crema de coco
- dátiles, picados

**Direcciones:**
1. Combine los dátiles en una licuadora con plátanos y otros ingredientes, hierva bien, divida en tazas pequeñas y sirva frío.

**Nutrición:** calorías 271, grasa 21,6, fibra 3,8, carbohidratos 21,2, proteína 2,7

# Magdalenas De Ciruela

**Tiempo de preparación:** 10 minutos
**Tiempo de cocción:** 25 minutos
**Porciones:** 12

**Ingredientes:**
- 3 cucharadas de aceite de coco derretido
- ½ taza de leche de almendras
- 4 huevos batidos
- 1 cucharadita de extracto de vainilla
- 1 taza de harina de almendras
- 2 cucharaditas de canela en polvo
- ½ cucharadita de levadura en polvo
- 1 dl de ciruelas, sin hueso y picadas

**Direcciones:**
1. En un tazón, mezcle el aceite de coco con la leche de almendras y otros ingredientes y bata bien.
2. Dividir en un molde para muffins, poner en el horno a 350 grados y hornear durante 25 minutos.
3. Sirve los muffins fríos.

**Nutrición:** calorías 270, grasa 3.4, fibra 4.4, carbohidratos 12, proteína 5

# Cuencos de ciruelas y pasas

**Tiempo de preparación:** 10 minutos
**Tiempo de cocción:** 20 minutos
**Porciones:** 4

**Ingredientes:**
- ½ kilo de ciruelas, sin hueso y partidas por la mitad
- 2 cucharadas de azúcar de coco
- 4 cucharadas de pasas
- 1 cucharadita de extracto de vainilla
- 1 taza de crema de coco

**Direcciones:**
1. Mezcla las ciruelas con el azúcar y otros ingredientes en una sartén, lleva a ebullición y cocina a fuego medio durante 20 minutos.
2. Dividir en tazones y servir.

**Nutrición:** calorías 219, grasa 14.4, fibra 1.8, carbohidratos 21.1, proteína 2.2

# Barras de semillas de girasol

**Tiempo de preparación: 10 minutos**
**Tiempo de cocción: 20 minutos**
**Porciones: 6**

**Ingredientes:**
- 1 taza de harina de coco
- ½ cucharadita de bicarbonato de sodio
- 1 cucharada de semillas de lino
- 3 cucharadas de leche de almendras
- 1 taza de semillas de girasol
- 2 cucharadas de aceite de coco, derretido
- 1 cucharadita de extracto de vainilla

**Direcciones:**
1. En un tazón, mezcle la harina con bicarbonato de sodio y otros ingredientes, mezcle bien, extienda sobre una bandeja para hornear, presione bien, hornee a 350 grados durante 20 minutos, deje enfriar, corte en barras. y servir.

**Nutrición:** calorías 189, grasa 12,6, fibra 9,2, carbohidratos 15,7, proteína 4,7

# Cuencos de moras y anacardos

**Tiempo de preparación: 10 minutos**
**Tiempo de cocción: 0 minutos**
**Porciones: 4**
**Ingredientes:**

- 1 taza de nueces de la India
- 2 tazas de moras
- ¾ taza de crema de coco
- 1 cucharadita de extracto de vainilla
- 1 cucharada de azúcar de coco

**Direcciones:**

1. Mezcle los anacardos en un tazón con bayas y otros ingredientes, mezcle, divida en tazones pequeños y sirva.

**Nutrición:** calorías 230, grasa 4, fibra 3.4, carbohidratos 12.3, proteína 8

# Cuencos de naranja y mandarina

**Tiempo de preparación:** 4 minutos
**Tiempo de cocción:** 8 minutos
**Porciones:** 4

**Ingredientes:**
- 4 naranjas, peladas y cortadas en trozos
- 2 mandarinas, peladas y cortadas en trozos
- Zumo de 1 lima
- 2 cucharadas de azúcar de coco
- 1 taza de agua

**Direcciones:**
1. Mezclar las naranjas en una cacerola con las mandarinas y otros ingredientes, llevar a ebullición y cocinar a fuego medio durante 8 minutos.
2. Dividir en tazones y servir frío.

**Nutrición:** calorías 170, grasa 2.3, fibra 2.3, carbohidratos 11, proteína 3.4

# crema de calabaza

**Tiempo de preparación:** 2 horas
**Tiempo de cocción:** 0 minutos
**Porciones:** 4

**Ingredientes:**
- 2 tazas de crema de coco
- 1 taza de puré de calabaza
- 14 onzas de crema de coco
- 3 cucharadas de azúcar de coco

**Direcciones:**
1. Mezclar en un bol la nata con el puré de calabaza y los demás ingredientes, batir bien, dividir en cuencos pequeños y dejar sazonar en la nevera durante 2 horas antes de servir.

**Nutrición:** calorías 350, grasa 12.3, fibra 3, carbohidratos 11.7, proteína 6

# Mezcla de higos y ruibarbo

**Tiempo de preparación: 6 minutos**
**Tiempo de cocción: 14 minutos**
**Porciones: 4**

**Ingredientes:**
- 2 cucharadas de aceite de coco, derretido
- 1 taza de ruibarbo, picado en trozos grandes
- 12 higos, partidos por la mitad
- ¼ taza de azúcar de coco
- 1 taza de agua

**Direcciones:**
1. Caliente la sartén con aceite a fuego medio, agregue los higos y los demás ingredientes, mezcle, cocine por 14 minutos, divida en tazas pequeñas y sirva frío.

**Nutrición:** calorías 213, grasa 7.4, fibra 6.1, carbohidratos 39, proteína 2.2

# Plátano especiado

**Tiempo de preparación:** 4 minutos
**Tiempo de cocción:** 15 minutos
**Porciones:** 4

**Ingredientes:**
- 4 plátanos, pelados y partidos por la mitad
- 1 cucharadita de nuez moscada, molida
- 1 cucharadita de canela en polvo
- Zumo de 1 lima
- 4 cucharadas de azúcar de coco

**Direcciones:**
1. Coloque los plátanos en una fuente para horno, agregue la nuez moscada y los demás ingredientes, hornee a 350 grados durante 15 minutos.
2. Divide los plátanos fritos en platos y sirve.

**Nutrición:** calorías 206, grasa 0.6, fibra 3.2, carbohidratos 47.1, proteína 2.4

# batido de cacao

**Tiempo de preparación: 5 minutos**
**Tiempo de cocción: 0 minutos**
**Porciones: 2**

**Ingredientes:**
- 2 cucharaditas de cacao en polvo
- 1 aguacate, sin hueso, pelado y hecho puré
- 1 taza de leche de almendras
- 1 taza de crema de coco

**Direcciones:**
1. En tu licuadora, mezcla la leche de almendras con la crema y los demás ingredientes, hierve bien, divide en tazas y sirve frío.

**Nutrición:** calorías 155, grasa 12.3, fibra 4, carbohidratos 8.6, proteína 5

# Barras de plátano

**Tiempo de preparación: 30 minutos**
**Tiempo de cocción: 0 minutos**
**Porciones: 4**
**Ingredientes:**

- 1 taza de aceite de coco, derretido
- 2 plátanos, pelados y picados
- 1 aguacate, pelado, sin hueso y triturado
- ½ taza de azúcar de coco
- ¼ taza de jugo de lima
- 1 cucharadita de cáscara de limón, rallada
- Spray para cocinar

**Direcciones:**

1. En un procesador de alimentos, mezcle los plátanos con el aceite y otros ingredientes, excepto el aerosol para cocinar, y triture bien.
2. Cubra la sartén con aceite en aerosol, vierta y extienda la mezcla de plátano, extienda, refrigere por 30 minutos, corte en barras y sirva.

**Nutrición:** calorías 639, grasa 64.6, fibra 4.9, carbohidratos 20.5, proteína 1.7

# Té verde y dátiles

**Tiempo de preparación:** 10 minutos
**Tiempo de cocción:** 30 minutos
**Porciones:** 8

**Ingredientes:**
- 2 cucharadas de té verde en polvo
- 2 tazas de leche de coco, calentada
- ½ taza de aceite de coco, derretido
- 2 tazas de azúcar de coco
- 4 huevos batidos
- 2 cucharaditas de extracto de vainilla
- 3 tazas de harina de almendras
- 1 cucharadita de bicarbonato de sodio
- 2 cucharaditas de polvo de hornear

**Direcciones:**
1. En un tazón, mezcle la leche de coco con el polvo de té verde y otros ingredientes, mezcle bien, vierta en un plato cuadrado, extienda, meta al horno, hornee a 350 grados durante 30 minutos, enfríe, corte en barras y sirva.

**Nutrición:** calorías 560, grasa 22.3, fibra 4, carbohidratos 12.8, proteína 22.1

# Crema de nueces

**Tiempo de preparación: 2 horas**
**Tiempo de cocción: 0 minutos**
**Porciones: 4**

**Ingredientes:**
- 2 tazas de leche de almendras
- ½ taza de crema de coco
- ½ dl de nueces picadas
- 3 cucharadas de azúcar de coco
- 1 cucharadita de extracto de vainilla

**Direcciones:**
1. Mezclar la leche de almendras con la nata y los demás ingredientes en un bol, batir bien, dividir en copas y dejar sazonar en la nevera durante 2 horas antes de servir.

**Nutrición:** calorías 170, grasa 12.4, fibra 3, carbohidratos 12.8, proteína 4

# Pastel de limón

**Tiempo de preparación: 10 minutos**
**Tiempo de cocción: 35 minutos**
**Porciones: 6**

**Ingredientes:**
- 2 tazas de harina de trigo integral
- 1 cucharadita de levadura en polvo
- 2 cucharadas de aceite de coco, derretido
- 1 huevo batido
- 3 cucharadas de azúcar de coco
- 1 taza de leche de almendras
- Ralladura de 1 limón, rallado
- Jugo de 1 limón

**Direcciones:**
1. En un tazón, mezcle la harina con el aceite y los demás ingredientes, bata bien, transfiera esto al molde para pasteles y hornee a 360 grados durante 35 minutos.
2. Cortar y servir frío.

**Nutrición:** calorías 222, grasa 12.5, fibra 6.2, carbohidratos 7, proteína 17.4

# Barras de pasas

**Tiempo de preparación: 10 minutos**
**Tiempo de cocción: 25 minutos**
**Porciones: 6**

**Ingredientes:**
- 1 cucharadita de canela en polvo
- 2 tazas de harina de almendras
- 1 cucharadita de levadura en polvo
- ½ cucharadita de nuez moscada, molida
- 1 taza de aceite de coco, derretido
- 1 taza de azúcar de coco
- 1 huevo batido
- 1 taza de pasas

**Direcciones:**
1. En un recipiente, mezcle la harina con la canela y los demás ingredientes, mezcle bien, extienda sobre una bandeja para hornear forrada, meta al horno, hornee a 380 grados durante 25 minutos, corte en barras y sirva frío.

**Nutrición:** calorías 274, grasa 12, fibra 5.2, carbohidratos 14.5, proteína 7

# Cuadritos de nectarinas

**Tiempo de preparación: 10 minutos**
**Tiempo de cocción: 20 minutos**
**Porciones: 4**

**Ingredientes:**
- 3 nectarinas, sin hueso y picadas
- 1 cucharada de azúcar de coco
- ½ cucharadita de bicarbonato de sodio
- 1 taza de harina de almendras
- 4 cucharadas de aceite de coco derretido
- 2 cucharadas de cacao en polvo

**Direcciones:**
1. Combine las nectarinas con el azúcar y otros ingredientes en una licuadora, hierva, vierta en un molde cuadrado forrado, extienda, hornee a 375 grados durante 20 minutos, deje la mezcla a un lado para que se enfríe un poco. , Cortar en cuadrados y servir.

**Nutrición:** calorías 342, grasa 14.4, fibra 7.6, carbohidratos 12, proteína 7.7

# Guiso de uva

**Tiempo de preparación: 10 minutos**
**Tiempo de cocción: 20 minutos**
**Porciones: 4**

**Ingredientes:**
- 1 taza de uvas verdes
- jugo de ½ lima
- 2 cucharadas de azúcar de coco
- 1 y ½ tazas de agua
- 2 cucharaditas de cardamomo en polvo

**Direcciones:**
1. Caliente una cacerola con agua a fuego medio, agregue las uvas y otros ingredientes, hierva, cocine por 20 minutos, divida en tazones y sirva.

**Nutrición:** calorías 384, grasa 12.5, fibra 6.3, carbohidratos 13.8, proteína 5.6

# Crema de mandarina y ciruela

**Tiempo de preparación:** 10 minutos
**Tiempo de cocción:** 20 minutos
**Porciones:** 4

**Ingredientes:**
- 1 mandarina, pelada y picada
- ½ kilo de ciruelas, deshuesadas y picadas
- 1 taza de crema de coco
- Jugo de 2 mandarinas
- 2 cucharadas de azúcar de coco

**Direcciones:**
1. Combine la mandarina con las ciruelas y otros ingredientes en una licuadora, hierva bien, divida en moldes pequeños, meta al horno, hornee a 350 grados por 20 minutos y sirva frío.

**Nutrición:** calorías 402, grasa 18.2, fibra 2, carbohidratos 22.2, proteína 4.5

# Crema de cerezas y fresas

**Tiempo de preparación: 10 minutos**
**Tiempo de cocción: 0 minutos**
**Porciones: 6**

**Ingredientes:**
- 1 kilo de cerezas, sin hueso
- 1 taza de fresas, picadas
- ¼ taza de azúcar de coco
- 2 tazas de crema de coco

**Direcciones:**
1. Mezcle las cerezas en una licuadora con los demás ingredientes, hierva bien, divida en tazones y sirva frío.

**Nutrición:** calorías 342, grasa 22.1, fibra 5.6, carbohidratos 8.4, proteína 6.5

# Nueces de cardamomo y arroz con leche

**Tiempo de preparación:** 5 minutos
**Tiempo de cocción:** 40 minutos
**Porciones:** 4

**Ingredientes:**
- 1 taza de arroz basmati
- 3 tazas de leche de almendras
- 3 cucharadas de azúcar de coco
- ½ cucharadita de polvo de cardamomo
- ¼ taza de nueces picadas

**Direcciones:**
1. Combine el arroz con la leche y otros ingredientes en una sartén, mezcle, cocine durante 40 minutos a fuego medio, divida en tazones y sirva frío.

**Nutrición:** calorías 703, grasa 47.9, fibra 5.2, carbohidratos 62.1, proteína 10.1

# pan de pera

**Tiempo de preparación: 10 minutos**
**Tiempo de cocción: 30 minutos**
**Porciones: 4**

**Ingredientes:**
- 2 tazas de peras, sin hueso y cortadas en cubitos
- 1 taza de azúcar de coco
- 2 huevos batidos
- 2 tazas de harina de almendras
- 1 cucharada de levadura en polvo
- 1 cucharada de aceite de coco, derretido

**Direcciones:**
1. Mezclar las peras en un bol con azúcar y otros ingredientes, batir, verter en un molde para pan, poner en el horno y hornear a 350 grados durante 30 minutos.
2. Cortar y servir frío.

**Nutrición:** calorías 380, grasa 16.7, fibra 5, carbohidratos 17.5, proteína 5.6

# Budín de arroz y cerezas

**Tiempo de preparación:** 10 minutos
**Tiempo de cocción:** 25 minutos
**Porciones:** 4

**Ingredientes:**
- 1 cucharada de aceite de coco, derretido
- 1 taza de arroz blanco
- 3 tazas de leche de almendras
- ½ taza de cerezas, sin hueso y partidas por la mitad
- 3 cucharadas de azúcar de coco
- 1 cucharadita de canela en polvo
- 1 cucharadita de extracto de vainilla

**Direcciones:**
1. Combine el aceite en una sartén con arroz y otros ingredientes, mezcle, hierva, cocine a fuego medio durante 25 minutos, divida en tazones y sirva frío.

**Nutrición:** calorías 292, grasa 12.4, fibra 5.6, carbohidratos 8, proteína 7

# Guiso de sandía

**Tiempo de preparación:** 5 minutos
**Tiempo de cocción:** 8 minutos
**Porciones:** 4

**Ingredientes:**
- Zumo de 1 lima
- 1 cucharadita de ralladura de lima, rallada
- 1 y ½ dl de azúcar de coco
- 4 tazas de sandía, pelada y cortada en trozos grandes
- 1 y ½ tazas de agua

**Direcciones:**
1. En una sartén, mezcle la sandía con la ralladura de limón y mezcle los demás ingredientes, lleve a ebullición a fuego medio, cocine por 8 minutos, divida en tazones y sirva frío.

**Nutrición::** calorías 233, grasa 0.2, fibra 0.7, carbohidratos 61.5, proteína 0.9

www.ingramcontent.com/pod-product-compliance
Lightning Source LLC
Chambersburg PA
CBHW071236080526
44587CB00013BA/1639